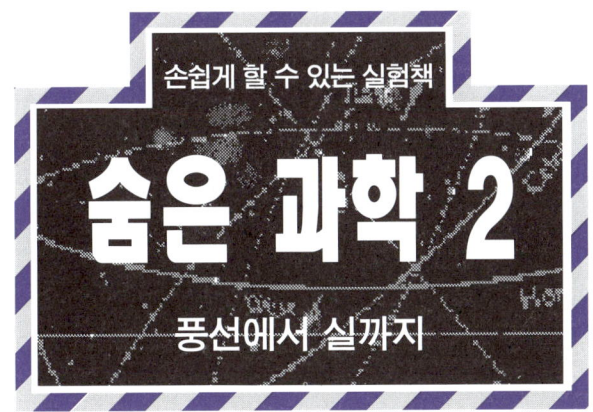

손쉽게 할 수 있는 실험책

숨은 과학 2

풍선에서 실까지

서울과학교사모임 지음

웅진주니어

웅진주니어

숨은 과학2

풍선에서 실까지

초판 1쇄 발행 1995년 1월 20일
초판 16쇄 발행 2016년 12월 27일

글쓴이 서울과학교사모임 그린이 최상훈
펴낸이 윤새봄 연구개발실장 장윤선 편집인 이화정 편집주간 송재우
책임편집 김상미 디자인 조은화, 정기영
마케팅 신동익, 문혜원 제작 신흥섭

펴낸곳 (주)웅진씽크빅 주소 경기도 파주시 회동길 20 (우)10881
주문전화 02)3670-1005, 1024 팩스 031)949-1014 문의전화 031)956-7326(편집) 02)3670-1005(영업)
홈페이지 www.wjjunior.com 블로그 wj_junior.blog.me
페이스북 www.facebook.com/wjbook 트위터 (@wjbooks)
출판신고 1980년 3월 29일 제406-2007-00046호

글 ⓒ 서울과학교사모임 1995 / 그림 ⓒ 웅진씽크빅 1995
ISBN 978-89-01-01273-5 978-89-01-01163-9(세트)

이 도서의 국립중앙도서관 출판시도서목록(CIP)은 e-CIP홈페이지(http://www.nl.go.kr/cip.php)에서 이용하실 수 있습니다.
(CIP제어번호 : CIP2003000034)

잘못 만들어진 책은 바꾸어 드립니다.
※주의 1.책 모서리가 날카로워 다칠 수 있으니 사람을 향해 던지거나 떨어뜨리지 마십시오. 2.보관 시 직사광선이나 습기 찬 곳은 피해 주십시오.
웅진주니어는 환경을 위해 콩기름 잉크를 사용합니다.

숨은 과학 2

풍선에서 실까지

나오는 사람들

덜렁이

알뿌이

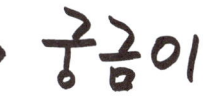

궁금이

우리는 실험 4총사
알쏭이, 달쏭이, 궁금이, 덜렁이란다.

'과학 실험' 하면 무슨 생각이 나니?
플라스크, 약품, 가운, 안경 쓴 선생님……
왠지 어렵고 딱딱할 것 같다고?

하지만 그렇지 않아.
실험이란 생활 곳곳에 숨어 있는 과학의 원리를
쉽고 재미있게 발견하게 해 주는 길잡이란다.

신나는 실험의 세계로 함께 떠나 보지 않을래?

달쏭이

차 례

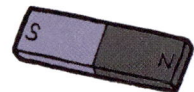

1장

풍선을 이용한 실험

손 대지 않고 책을 넘어지게 한다고   12
풍선으로 만든 제트 배   20
입 안 대고 풍선 부는 비법 1   26
입 안 대고 풍선 부는 비법 2   32
컵 두 개와 풍선의 삼각 관계   38
부푼 풍선 뒤집기   44
종이를 벌떡 일어나게 한다고   50
두 개의 풍선을 서로 미워하게 하려면   56
노래하는 풍선   62
물 속에 들어가면 왜 가벼워지는 걸까   68

2장

얼음을 이용한 실험

집에서 스노우아이스를 만들려면   76
물과 소금물 중 어느 것이 먼저 얼까   82
기름도 얼리면 얼음처럼 가벼워질까   88
병이 땀을 흘린다는데   94
얼음 위에서 스케이트를 탈 수 있는 이유   100
구름이 하늘에 떠 있는 이유   106

3장

달걀을 이용한 실험

병이 달걀을 삼킨다고   114
왕달걀을 만드는 방법   120
새콤달콤한 달걀 피클   126
달걀 푸딩을 맛있게 만들려면   132

4장

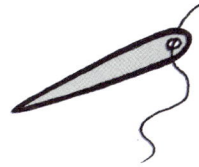

바늘을 이용한 실험

신기한 바늘   140
자석, 아들을 낳다   146
가위가 자석이 된다고   152
자석에 대한 잘못된 생각   160
자석이 열을 받으면 어떻게 될까   166

5장

헝겊에서 실까지

낙하산은 왜 천천히 떨어질까   174
오르락내리락하는 카드의 비밀   180
헝겊으로 만든 가습기   186
차가운 행주 뜨거운 행주   192

실험을 시작하기 전에

비누와 곰팡이는 어떤 관계일까요? 비누 위에 곰팡이가 필 수 있다는 것일까요? 아니면 필 수 없다고 하는 것일까요? 억지로 꾸며서 관련지으려고 하지 않는다면 별로 연관이 없다는 것을 알 것입니다. 비누에서 곰팡이까지는 여러분들이 일상 생활에서 흔히 만날 수 있는 예에 지나지 않습니다. 그러나 이 책을 읽다 보면 이것들의 새로운 모습에 놀랄 것입니다. 남의 비밀을 알아 낸다는 것은 무척 가슴 설레는 일입니다. 우리가 그동안 너무 무심하게 지나쳐 왔던 것들에 대해 관심을 기울여 본다면 주위의 세상이 다르게 보일 겁니다. 그래서 우리 옛 어른들은 '아는 것만큼 보이고 느낀 것만큼 알게 된다.'고 말씀하셨던 거지요.

이 책에는 35개의 실험이 들어 있습니다. 주변에서 구하기 쉬운 물건들만 있으면 그렇게 어렵지 않게 실험을 즐길 수 있습니다. 실험은 거짓말을 하지 않습니다. 지금까지 머리로 생각만 하는 과학에 질린 친구들은 이 책에 소개된 실험과 아리랑 고개를 넘으면서 '과학은 이렇게 손으로 만져지는 것이로구나.' 하는 것을 알게 될 것입니다.

노래를 잘못 부르는 사람을 음치라고 하지요. 그럼 과학을 못 하는 사람은 '과치'라고 불러야 하지 않을까요? 여러분들은 혹시 그렇지는 않은가요? 이런 과치 상태를 그대로 유지하다가는 21세기에 이르면 문 여는 방법을 몰라 문을 못 열게 될지도 모릅니다. 이 책은 과학에 흥미를 느끼지 못하는 사람들에게 과학은 딱딱하지도 않고, 우리 주변에서 쉽게 발견할 수 있다는 것을 깨닫게 해 줄 것입니다.

이 책은 서울 과학 교사 모임의 선생님들이 2년여에 걸친 실험과 연구 끝에 공동 창작한 책입니다. 다양한 시각으로 문제를 바라보고 풀려고 노력한 흔적이 곳곳에서 보일 겁니다. 이 책이 나오기까지 정성껏 그림을 그려 주신 최상훈 선생님과 여러 가지로 애써 주신 출판사 가족들께 감사의 말씀을 전합니다.

서울과학교사모임 공동 집필 대표 현종오

9

1장
풍선을 이용한 실험

손 대지 않고 책을
넘어지게 한다고

오늘은 즐거운 설날. 웃어른께 세배 드리는 날. 그리고 세뱃돈도 받는 날(?). 알쏭이와 그 친구들은 맹가이버 삼촌에게 우루루 몰려가서 세배를 했어.

　"새해 복 많이 받으세요."

　"오냐, 너희도 새해 복 많이 받아라." 하시면서 삼촌은 아이들 머리를 한 번씩 쓰다듬어 주셨어. 그리고는 끝.

12

아무리 기다려도 삼촌의 손은 주머니로 들어가지 않는
거야. 참다 못한 아이들은 "삼촌, 세뱃돈." 하며 본색을 드
러냈지.

"허허허, 녀석들 급하기는. 우리 귀여운 조카들한테 세뱃
돈을 왜 안 주겠어? 줘야지. 그런데 말야, 내가 내는 문
제를 맞히면 세뱃돈을 두 배로 주지. 그 문제는 손 대지
않고 나를 들어올리는 거야."

"?"

 ## 어떻게 할까

이런 것
들이 필요해

책, 풍선(또는 비치볼)

1) 그림과 같이 책으로
개선문을 만들어 보자.
(되도록 두꺼운 책을
사용한다.)

2) 손을 대지 않고 책을
넘어뜨릴 수 있는 방법을
찾아보자.

 # 아리랑 고개

• 여러분이 생각한 방법은?

> 손바닥에서 생기는 장풍을 이용해 넘어뜨리는 거야.

> 아니야.
> 뚫어지게 쳐다만 봐도
> 언젠가는 책이 무너진다고.

 ## 어떻게 넘어갈까

손 대지 않고 넘어뜨리는 방법을 다들 찾았니? 별거 아니라고? 손을 쓰지 말라고 했으니까 발로 넘어뜨리면 된다고? 만약 정말로 이걸 해결책이라고 생각한 사람이 있다면 그 사람은 당장 책 덮어. 그리고 이렇게 세 번 외쳐.

"내가 왜 이럴까? 예전엔 안 그랬는데. 머리를 너무 안써서 바보가 됐나 봐."

이번 실험은 풍선 하나만 있으면 아주 간단히 해결돼. 풍선을 개선문 가운데에 놓고 크게 부풀리는 거야. 그러면 팽창하는 풍선에 밀려서 책으로 만든 개선문은 쉽게 무너져 내리게 되지. 알고 보니 간단하지? 뭐? 너무 간단해서 시시해 보인다고? 그렇다면 이런 실험을 해 봐. 그리 시시하지만은 않을 걸?

먼저 나무판 두 개를 준비해서 경첩으로 한쪽을 연결해. 그런 다음 비치볼을 나무판 사이에 놓고 한 사람이 나무판 위에 올라가서 앉는 거야. 그리고 다른 사람은 비치볼을 불어서 부풀려 봐(이 때 공기 펌프를 이용해도 좋아). 그럼 놀랍게도 나무판 위에 앉은 사람이 들어 올려지게 돼. 공기의 힘만으로 사람을 들어 올린 거지.

사실 공기의 힘은 상상도 못할 정도로 엄청나. 공기를 잘못 다뤘다간 그 굉장한 힘에 놀라 큰코 다치게 돼. 풍선

비치볼　　경첩

을 아주 크게 불면 '뻥!' 소리와 함께 터져 버리지? 이건
공기의 힘을 아주 조금만 보여 준 거야. 보통 가스를 저장
할 때는 원통형의 강철통 속에 보관하는데 만약 풍선에 바
람 불어넣듯이 강철통 속에 가스를 자꾸 집어넣어 주게 되
면 어떻게 될까? 통 속의 공기는 그 압력을 도저히 참지
못하고 강철을 종이 찢듯이 찢어 버리면서 폭발하게 돼.
믿어지지 않겠지만 사실이야.

　공기의 힘을 보다 쉽고 확실하게 확인해 보고 싶으면 신
문지 한 장을 바닥에 넓게 펴 놓고, 신문지 가운데에 테이

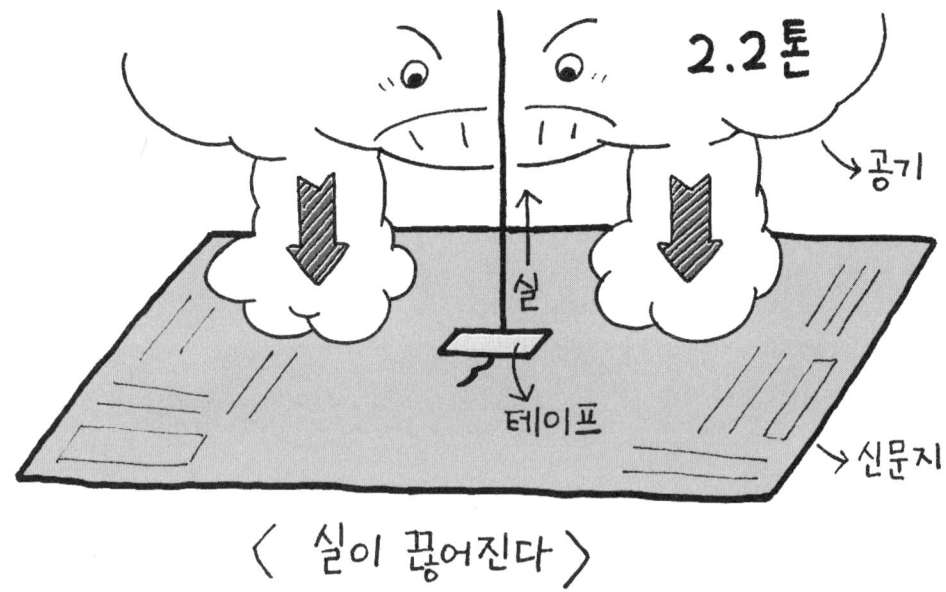

2.2톤

공기

실

테이프

신문지

〈 실이 끊어진다 〉

프로 실을 붙여 연결한 다음 그 실을 순간적으로 힘껏 잡아당겨 봐. 신문지는 바닥에 붙여 놓은 듯이 가만히 있는데 실만 끊어지는 것을 볼 수 있을 거야. 이는 공기가 신문지를 눌러 주고 있기 때문인데, 신문지 한 장을 누르는 공기의 힘은 무려 약 2.2톤의 무게에 해당된다고 해.

밀기지 않으면 직접 계산해 봐. 공기는 신문지를 1기압으로 누르는데 1기압은 1cm²를 1kg 정도로 누르는 힘이야.

자를 가지고 신문지의 면적을 계산해 보면 신문지 한 장이
받는 힘을 계산해 낼 수 있을 거야.

답) 공기가 내리누르고 있어서 누르는 쪽으로 쏠린 것이므로 옳습니다.

풍선으로 만든 제트 배

다 들 종이배를 접어서 물 위에 띄우고 놀아 본 적이 있을 거야. 오늘도 비슷한 놀이를 해 볼까? 그런데 오늘은 종이배처럼 그냥 떠 있기만 하는 것이 아니라 진짜 물살을 헤치며 나아가는 배를 만들어 보는 거야. 그렇다고 배에 모터를 다는 것은 아니고, 전기보다 훨씬 간단한 추진력을 이용하는 거야. 그 추진력은 바로 공기야. 자, 그럼 같이 한번 만들어 볼까?

 어떻게 할까

이런 것
들이 필요해

풍선, 마분지, 스포이드, 물

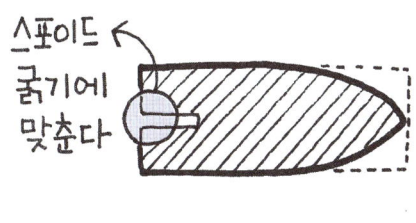

스포이드
굵기에
맞춘다

1) 그림과 같이 배를 만들어 보자.
풍선을 불어서 스포이드에 끼우고 그 풍선을 그림처럼
배에 고정시킨 후 물 위에 띄워 보자.

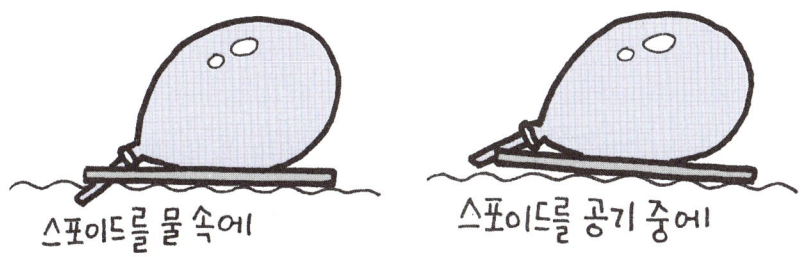

스포이드를 물 속에   스포이드를 공기 중에

2) 스포이드 입구가 물 속에 있을 때와 공기 중에 있을 때,
둘 중 어느 경우에 속도가 빠를까?
또 어느 경우에 더 멀리 갈까?

 아리랑 고개

• 스포이드의 입구가 공기 중에 있을 때와 물 속에 있을 때
풍선의 상태를 바르게 설명한 사람은?

" 더 빨리 "
더빨리

훅 ~

스포이드에서
빠져나온 공기가
물을 밀 때 추진력이 더 크므로
물 속에 있을 때 더 빨리,
더 오래 가게 돼.

 ## 어떻게 넘어갈까

풍선을 매단 배가 앞으로 나아가는 원리에 대해서는 다들 잘 알고 있을 거야. 풍선 안의 공기가 스포이드의 입구로 빠르게 빠져나가면, 그 반작용으로 풍선 배는 공기가 빠져나간 반대쪽으로 움직이게 되는 거지. 이는 로켓이 연료를 아래로 쏘면서 위로 날아가는 거라든지, 수영할 때 손과 발로 물을 뒤로 밀어 내면서 앞으로 나아가는 것과 같은 이치인데, 이 원리가 그 유명한 뉴턴의 제3법칙인 '작용과 반작용의 법칙'이야.

만약 사람의 몸이 풍선처럼 가볍다면? 아마도 방귀를 뀔

때마다 상당히 애를 먹을 거야. 그 때마다 자기도 모르게 몸이 앞으로 날아갈 테니까 말이야(상상이 너무 지나쳤나?).

그럼 우리가 만든 배의 속력을 빠르게 하려면 어떻게 하는 게 좋을까? 풍선 배는 공기의 추진력으로 가는 거니까 공기를 더 빠르게 빠져나오게 해 주면 배의 속력도 빨라지겠지?

앞에서 스포이드 입구를 물 속에 넣고, 또 한 번은 공기 중에 둔 채로 배를 띄워 봤는데, 스포이드 입구의 위치가 달라지면 빠져나오는 공기의 속력도 달라지게 돼. 스포이드 입구가 물 속에 있을 때는 물의 저항 때문에 공기가 그만큼 천천히 빠져나와. 대신에 물 속에서는 공기가 천천히 빠져나오는 만큼 오랫동안 빠져나올 테니까 속력은 느리지만 더 오래 가게 되는 거야.

만약 스포이드 입구가 공기 중에 있을 때는 공기가 빨리 빠져나와서 배의 속력은 빨라지겠지만 그리 오래 가지고 못하겠지?

입 안 대고 풍선 부는 비법 1

어느 날 덜렁이는 선생님이 내준 숙제를 해결하기 위해 고민 중이었어. 선생님이 내준 숙제는 다름 아닌 '입으로 불지 않고 풍선 부풀리기.'

곰곰이 생각에 잠겨 있던 덜렁이는 뭔가 생각났다는 듯이 벌떡 일어나서는 빈 병을 들고 냉장고로 갔어. 빈 병을 냉장고에 넣은 우리의 덜렁이, 회심의 미소를 짓는 게 아니겠어?

'해결했다, 호호호……'

![icon] **어떻게 할까**

이런 것들이 필요해

유리병(사이다 병도 좋아), 풍선, 냉장고, 뜨거운 물

뜨거운 물

1) 냉장고에 빈 병을 한 시간 가량 넣어 둔다.

2) 병을 꺼내고 풍선을 병 입구에 단단히 끼운 후, 뜨거운 물로 겉에서 병을 데운 다음 관찰해 보자.

입 안 대고 풍선 부는 비법 1

 # 아리랑 고개

• 풍선을 씌운 병을 겉에서 뜨거운 물로 데우면 풍선은 어떻게 될까?

쏙

화끈
화끈

공기

풍선은 병 안으로 빨려들어갈 거야.
병 표면이 뜨거워지면 병 안에 있던 찬 공기는 더욱 오므라들지 않겠어?

풍선은 그대로 있을 거야.
유리병은 뜨거워져도
그 안의 공기에까지 열이
전달되지는 않을 테니까
말이야.

병 속의 공기가
열을 받아
분자들의 움직임이
활발해지니까
풍선이 부풀게
될 거야.

어떻게 넘어갈까

먹은 것도
없는데
왜 자꾸 뚱뚱
해지지 ??

어때! '입 안 대고 풍선 불기'를 막상 해 보니까 무척 간단하지?

이번 실험은 공기를 가열하면 부피가 늘어난다는 아주 간단한 원리를 이용한 거야.

병 안의 공기를 가열하면 공기 분자의 운동이 활발해지지. 그러면 부피가 팽창하게 되고 풍선이 부풀어지는 거야. 탁구공이 찌그러졌을 때 뜨거운 물에 넣어 다시 편다든지, 열기구를 띄울 때 기구 안의 공기를 뜨겁게 해서 팽창시켜 기구를 가볍게 만들어서 띄운다든지 하는 것들은 다 이 원리를 이용한 거야.

그런데 이 때 부피가 팽창한다는 것은 공기의 양이 늘어난다는 것을 말하는 건 아니야. 그럼 공기의 양은 변함이 없는데 어떻게 부피가 늘어난 걸까? 그건 바로 공기의 운

30

동이 활발해지자 분자 하나 하나의 활동 공간이 넓어졌기
때문이야.

 름음이

입 안 대고 풍선 부는 비법 2

선생님이 내준 '입 안 대고 풍선 부풀리기' 숙제를 깨끗이 해결한 덜렁이는 마침 알쏭이를 보자 신이 나서 자랑을 하기 시작했어.

"이러쿵 저러쿵, 저러쿵 이러쿵 해서 숙제를 완벽하게 끝냈지. 허, 허, 허!"

"이야! 덜렁이 너도 제법이구나. 아주 간단하면서도 좋

32

은 방법 같아."

"어흠, 뭘 그 정도 가지고. 그런데 넌 어떻게 해결했
니?"

"난 좀 다르게 해결했어. 설탕으로 부풀렸다고."

"뭐? 설탕?"

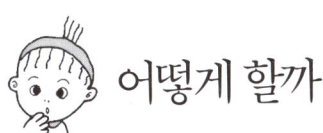 어떻게 할까

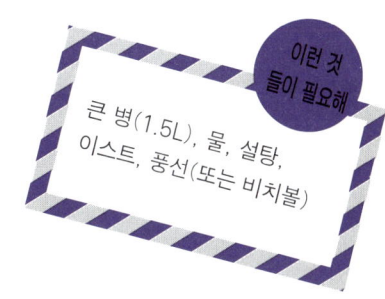
이런 것
들이 필요해

큰 병(1.5L), 물, 설탕,
이스트, 풍선(또는 비치볼)

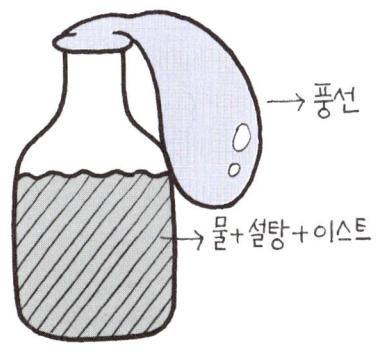

→ 풍선

→ 물+설탕+이스트

1) 큰 병에 물을 3/4 정도 담
고 설탕 반 컵과 이스트를 넣
고 풍선을 병 입구에 매단 뒤
따뜻한 곳(40℃ 정도)에 놓아
둔다.

2) 다음 날 풍선이 어떻게 변했는지 관찰해 본다.

주의) 풍선을 병에 매달기 전에 크게 한 번 불었다가 바람을 뺀 다음 병 입구에 매단다.

 아리랑 고개

• 다음 날 풍선을 보면 밤 사이에 풍선이 부풀었음을 알 수 있는데 그 주된 원인은?

열

설탕과 이스트가 섞이면 화학 반응이 일어나는데 이 때 많은 열이 발생하게 돼. 이 열이 공기를 팽창시킨 거야.

설탕 + 이스트

수증기

아니야. 화학 반응 때 생기는 열 때문에 물이 수증기가 되어 날아가서 풍선이 팽창한 거야.

설탕 + 이스트

 ## 어떻게 넘어갈까

알쏭이는 설탕으로 과연 무엇을 한 걸까? 알쏭이는 바로 술을 만들었던 거야.

아마도 여러분은 술을 만들 때 포도와 같은 과일을 이용한다는 것을 잘 알고 있을 거야. 그런데 과일은 자기 스스로 술을 만들어 내는 게 아니야. 과일이 술이 되려면 이스트와 같은 미생물의 도움을 받아야만 해. 이스트가 과일 속에 들어 있는 포도당과 같은 당류를 분해시켜서 알코올을 만들어 내는 거야. 이 과정을 '알코올 발효'라고 하는데 이 때 알코올뿐만이 아니라 이산화탄소도 같이 만들어져.

알쏭이는 이와 같이 술이 만들어질 때 이산화탄소가 생기는 것을 이용하여 풍선을 부풀게 했던 거지. 단지 여기에서는 과일대신에 설탕이라는 당류를 발효시켜 이산화탄소를 만들었을 뿐이지.

이산화탄소가 발생했는 지는 병 안에 촛불을 넣어 보면 간단하게 알 수 있어. 이산화탄소가 생겼다면 촛불은 곧 꺼지겠지?

그런데 혹시 알코올 발효가 일어나는 동안에 병을 만져 본 사람은 있니? 아마도 처음보다는 따뜻해졌다는 것을 알 수 있을 거야. 즉 알코올 발효가 일어날 때 열도 함께 발생

으~취한다
살도 찌고
술도 먹고
좋~다

한다는 거지. 그러니 그 열도 풍선이 부푸는 데 어느 정도 도움은 주었을 거야. 하지만 풍선이 부푼 주된 원인은 역시 열보다는 이산화탄소라고 할 수 있어.

발효 과정

포도당 $\xrightarrow[\text{이스트}]{}$ 에탄올＋이산화탄소＋열

 春 (온몸이

컵 두 개와 풍선의 삼각 관계

"**삼**촌! 이것 좀 봐요. 그릇이 빠지지 않아요. 어휴, 이를 어쩌지?"

포개져 있는 그릇이 빠지지 않아 혼자 낑낑대던 덜렁이가 맹가이버 삼촌을 보자 하소연을 하는 거야.

"이쪽을 빼면 저쪽이 들어가고, 저쪽을 빼면 이쪽이 들어가고, 도대체 그릇이 말을 안 들어요."

"그럴 땐 그렇게 덜렁대지 말고 침착하게 그릇을 달래 줘

야지."

"그릇을 달래 주라고요?"

"그래. 내가 재미있는 실험 하나 보여 줄 테니까 잘 보고 그릇을 어떻게 달래야 하나 생각해 봐."

 어떻게 할까

이런 것
들이 필요해

작은 풍선, 유리 컵 두 개,
뜨거운 물, 차가운 물

1) 뜨거운 물을 두 개의 컵에 부어 컵을 데운다.

2) 뜨거워진 빈 유리 컵을 재빨리 풍선의 양쪽에 붙이고 찬물로 컵을 식힌다.

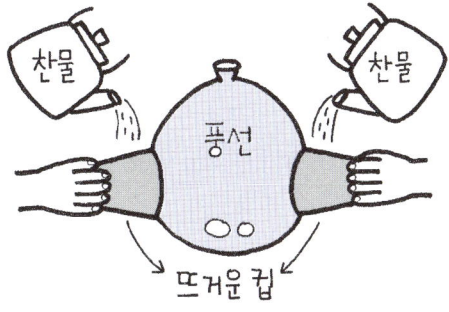

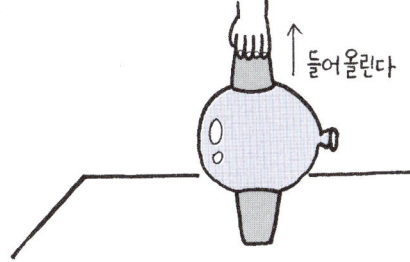

3) 풍선과 컵을 그림과 같이 조심스럽게 세운 다음 위에 있는 컵을 들어 올려 보자.

 아리랑 고개

• 유리 컵과 풍선은 과연 어떻게 될까?

풍
선

확대 → 컵 → 물

풍선

컵과 풍선이 모두 붙어서 올라올
거야. 물이 컵과 풍선을 붙여
주는 일종의 접착제
구실을 하는 거지.

 ## 어떻게 넘어갈까

　너무나 사이가 좋은 유리 컵 두 개가 있었어. 둘은 우정이 너무나 깊어서 '깨져서 죽는 날까지 우리 우정 변치 말자.'라며 맹세를 하곤 했지.

　아! 그런데 둘의 우정에 금이 갈 줄이야. 두 컵은 하필이면 똑같은 풍선을 좋아하게 되었던 거야. 둘의 우정은 풍선에 대한 사랑으로 인해 점점 자리를 빼앗기게 되고, 결국 두 컵은 풍선을 사이에 두고 양보할 수 없는 한판 줄다리기를 하게 되었지.

　어때! 비유가 그럴 듯하지? 유리 컵과 풍선의 삼각 관계라 —.

　그런데 유리 컵의 우정에 왜 금이 가게 되었을까? 그건 한마디로 기압이라는 놈의 장난 때문이야. 처음엔 유리 컵이 뜨거워져. 그러다 컵 안의 공기도 함께 뜨거워지지. 그 뜨거운 컵을 풍선 양쪽에 대고 찬물을 부어 봐. 컵 안의 공기가 식어서 수축하는 것은 당연하겠지? 그러면 컵 속의 기압은 낮아지는데 풍선 안의 기압은 그대로니까 그 차이만큼 풍선이 컵 안으로 밀려들어가게 돼. 즉 컵 속과 풍선 속의 기압차가 그 원인이야.

　자, 이 정도면 맹가이버 삼촌이 그릇을 달래 주라고 했던 말이 무슨 뜻인지 알겠지? 그릇이 포개져서 빠지지 않는

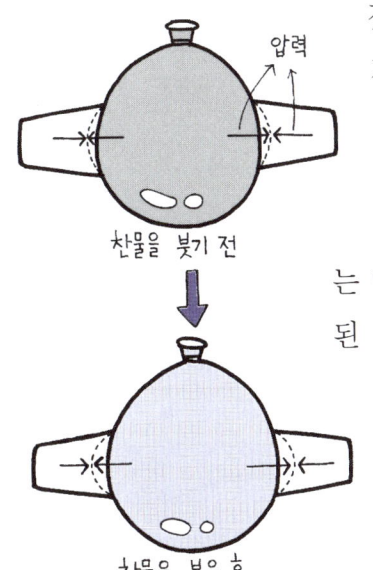

압력

찬물을 붓기 전

찬물을 부은 후

것은 그릇이 포개질 때 공기가 빠져 나가면서 두 그릇 사이의 기압이 낮아졌기 때문이야. 그릇 안팎의 기압 차이때문에 웬만한 힘으로는 뺄 수 없을 정도로 달라붙게 된 거지. 이럴 경우엔 무조건 힘을 쓸 게 아니라 그릇 사이의 기압을 높여 주는 방법을 생각해 봐야 해. 어떻게 하냐고? 그야 쉽지. 뜨거운 물을 붓는 거야. 그러면 그릇 사이에 있던 공기는 그 움직임이 활발해져서 부피가 팽창하게 되고, 기압도 점점 높아지게 되지. 결국 두 그릇은 힘 주지 않아도 저절로 떨어지게 돼.

 (름이유 이

부푼 풍선 뒤집기

오늘은 궁금이의 생일이야. 궁금이는 맹가이버 삼촌한테서 재미있는 선물 하나를 받았어. 인형인데 그냥 인형이 아니라 풍선 속에 들어 있는 인형이야.

'아니 삼촌은 인형을 주려면 그냥 주지 왜 풍선 안에 넣어서 준담. 풍선 안에 있으니 만질 수도 없잖아. 그나저

44

나 삼촌은 도대체 풍선 안에다 인형을 어떻게 집어넣은
거야? 요술을 부렸나?

 어떻게 할까

이런 것
들이 필요해

한쪽 면을 잘라 낸 깡통,
풍선, 못, 물, 망치, 고무줄

1) 깡통의 아래쪽 옆면에 조그만 구멍을 뚫고
테이프로 막은 후 물을 붓는다.

2) 풍선을 불어서 깡통 위에 씌운 후 꽉 맨다.

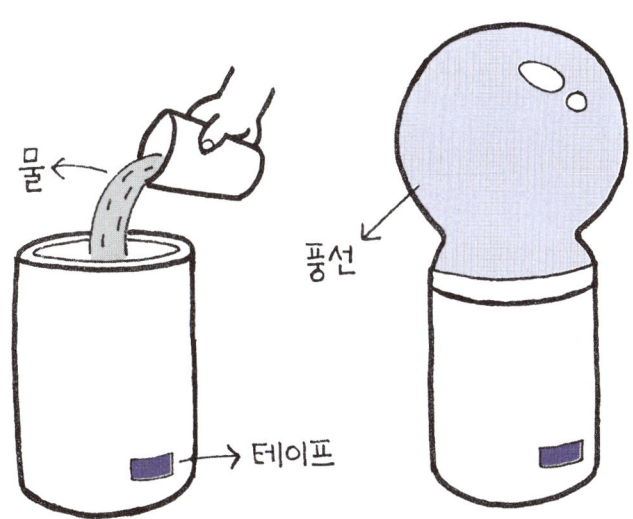

물 ←

풍선

테이프

 아리랑 고개

• 테이프를 떼면 풍선은 어떻게 될까?

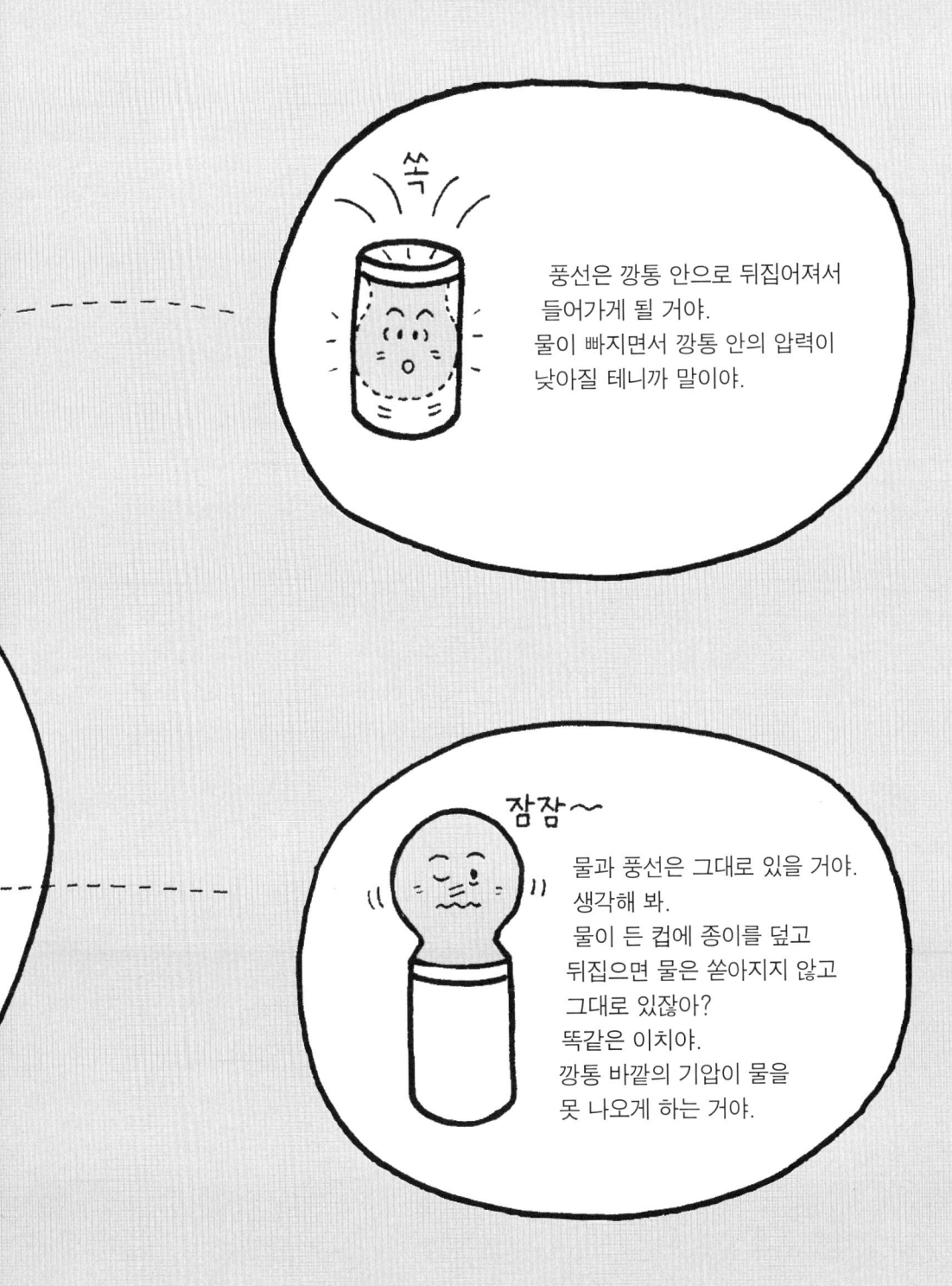

풍선은 깡통 안으로 뒤집어져서
들어가게 될 거야.
물이 빠지면서 깡통 안의 압력이
낮아질 테니까 말이야.

물과 풍선은 그대로 있을 거야.
생각해 봐.
물이 든 컵에 종이를 덮고
뒤집으면 물은 쏟아지지 않고
그대로 있잖아?
똑같은 이치야.
깡통 바깥의 기압이 물을
못 나오게 하는 거야.

 # 어떻게 넘어갈까

　　알쏭이와 달쏭이 둘 다 그럴 듯하지? 과연 누구 말이 맞을까? 해답의 열쇠는 풍선이 쥐고 있어. 만약에 풍선대신에 깡통 뚜껑을 꽉 막아 두었다면 어떻게 되었을까? 그 때는 달쏭이 말처럼 물은 깡통 안에 그대로 있었을 거야. 깡통 바깥의 공기가 물을 나오지 못하게 막고 있을 테니까 말이야. 직접 한번 확인해 봐. 아무 음료수 깡통이라도 좋으니까 입구를 따지 말고 아무 곳이나 바늘로 구멍을 하나만 뚫고 기다려 봐. 아마도 여러분의 손자가 태어날 때까지도 그 음료수는 절대 먹지 못할 걸.

　　그런데 이 실험에선 단단한 뚜껑대신 풍선을 부풀려 매달아 놓았어. 깡통과 풍선의 차이점은 무얼까? 그건 바로 단단한 뚜껑과는 달리 풍선은 탄성을 가지고 있다는 거야. 즉 풍선은 안으로 오므라들려고 하는 성질을 가지고 있다는 거지. 그래서 풍선 안의 공기와 물을 계속 밑으로 밀고 있

뚜껑

공기

단단한 뚜껑으로 막을 때

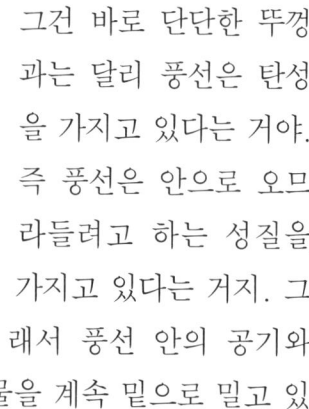

풍선으로 막을 때

는 거지. 그러니까 깡통 밑의 구멍을 열면 물은 밀려서 밖
으로 나오게 되는 거야. 물이 일단 나오기 시작하면 깡통
안의 압력은 점점 줄어들게 되고 그러면 풍선은 더욱 안으
로 오므라들게 되어서 결국에는 풍선이 깡통 안으로 뒤집
어져 들어가게 되는 거지.

 (답 원숭이)

종이를 벌떡 일어나게 한다고

알쏭이는 오늘 과학 시간에 피뢰침이 번개로부터 사람들을 보호해 준다는 것을 배웠어. 하교 길에 건물들을 살펴보니 옥상에 정말 뾰족한 피뢰침이 하나씩 서 있는 거야. 그런데 갑자기 궁금한 점이 하나 생겼어. '왜 피뢰침을 가늘고 뾰족하게 만들었지? 위성 안테나처럼 둥글고 넓게

50

만들면 번개를 더 잘 막을 수 있을 텐데. 돈이 없어서 크게 못 만든 건가?' 집에 돌아온 알쏭이는 궁금한 점을 맹가이버 삼촌에게 물어 보았는데, 삼촌은 풍선 하나로 설명을 해 주더라고.

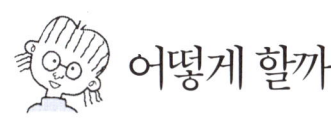 어떻게 할까

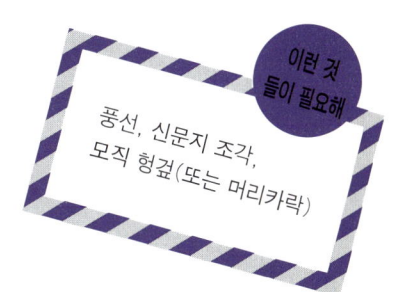
이런 것들이 필요해

풍선, 신문지 조각, 모직 헝겊(또는 머리카락)

1) 바닥에 신문지 조각을 뿌린다.

2) 풍선을 헝겊(또는 머리카락)에 문지른 다음 풍선을 신문지 조각 근처에 대 본다.

헝겊에 문지른 풍선

신문지 조각

 아리랑 고개

• 풍선을 종이 조각 근처에 가져가면 풍선에 생긴 마찰 전기 때문에 종이가 벌떡벌떡 일어서서 풍선에 달라붙는 것을 볼 수 있다. 그 때의 모습을 유심히 살펴보면 항상 종이의 모서리 부분이 먼저 달라붙는 것을 알 수 있는데 그 이유는 무엇일까?

신문지

풍선

가까운 왼손 부터 잡아 줘!

풍선에 가장 가까이 있는 부분 부터 붙으려고 하기 때문이야.

어떻게 넘어갈까

직접 해 보니까 어때? 신문지 조각이 참 잘 달라붙지? 어떤 조각들은 일렬로 늘어서서 달라붙기도 하고, 또 어떤 것은 바닥에서 벌떡 일어나서는 풍선을 따라 이리저리 춤을 추기도 하지. 이 현상은 풍선을 헝겊에 문질렀을 때 생긴 마찰 전기 때문에 생기는 거야. 풍선의 마찰 전기는 신문지 조각에 자기와는 반대되는 전기를 만들어서는 서로 달라붙어 버리는 거지. 이를 정전기 유도 현상이라고 해.

그런데 신문지 조각이 풍선에 달라붙는 모습을 가만히 보고 있으면 신문지 조각이 아무렇게나 달라붙지 않는다는 걸 쉽게 발견할 수 있어. 즉 어떤 규칙성이 있다는 말인데, 그것은 다름 아닌 신문지 조각이 항상 벌떡 일어난 후에 모서리부터 달라붙는다는 거야. 왜 그럴까? 그건 신문지 조각에 유도된 전기가 골고루 균일하게 퍼져 있지 않기 때문이야. 어느 곳에는 전기가 많이 모이기도 하고 어느 곳에는 적게 모이기도 한다는 말인데, 전기가 많이 모인 곳이 풍선에 더 잘 달라붙는 것은 당연하겠지?

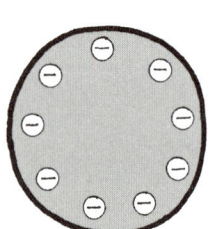
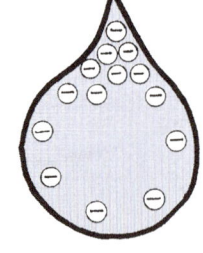

전기는 뾰족한 곳을 좋아한다

신문지 조각의 모서리부터 풍선에 달라붙는다는 것은 결국 모서리 부분에 전기가 많이 모여 있다는 말이 되는 거야.

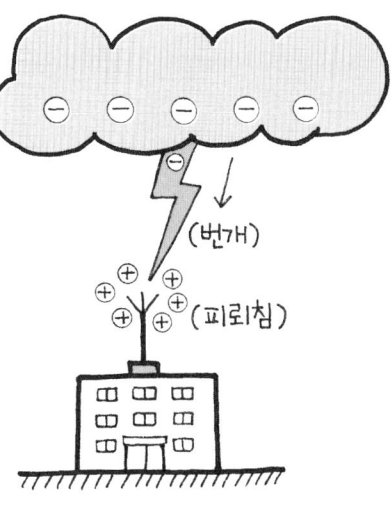

이처럼 전기는 평평한 곳보단 뾰족한 곳을 좋아해서 거기에 집중적으로 모이려는 성질을 가지고 있어. 이 성질을 이용한 대표적인 예가 바로 피뢰침이야. 피뢰침의 끝이 둥글게 생긴 건 아마 못 봤을 거야. 이는 바로 피뢰침의 뾰족한 끝에 전기를 잔뜩 모이게 해서 번개가 다른 곳이 아니라 피뢰침 끝으로 찾아들게 하기 위해서야.

옳은 말이야

두 개의 풍선을 서로
미워하게 하려면

두 개의 자석을 같은 극끼리 가까이 가져가면 서로 반대 방향으로 튕겨져 나가는 것을 볼 수 있어. 두 개의 풍선으로도 이와 비슷한 현상을 볼 수 있어. 풍선 안에 자석을 넣는 것은 물론 아니고, 그렇다고 자석으로 풍선을 만드는건 더욱 아니고.

자! 어떻게 하면 될까?

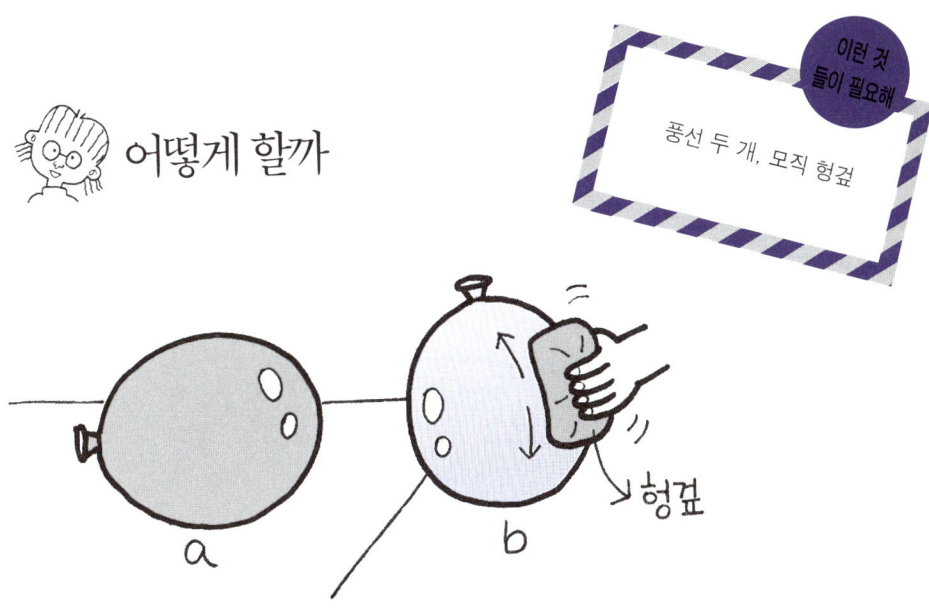

어떻게 할까

이런 것들이 필요해

풍선 두 개, 모직 헝겊

헝겊

a

b

1) 풍선 두 개를 준비하여 하나(a)는 책상 위에 놓고,
다른 하나(b)는 모직 헝겊으로 문지른다.

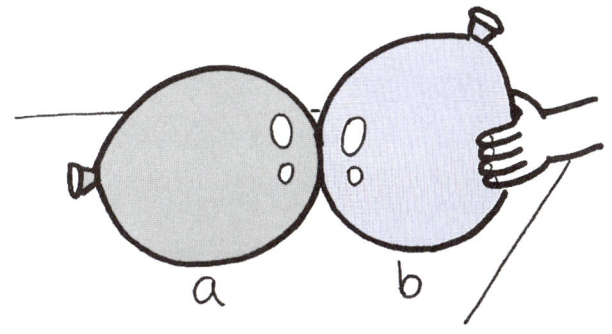

a

b

2) 헝겊으로 문지른 풍선을 책상 위의 풍선에 가까이 댄 후
풍선이 어떻게 되는지 관찰해 보자.

두 개의 풍선을 서로 미워하게 하려면

 아리랑 고개

• 두 풍선 사이의 전하의 움직임을 바르게 설명한
사람은 누굴까?

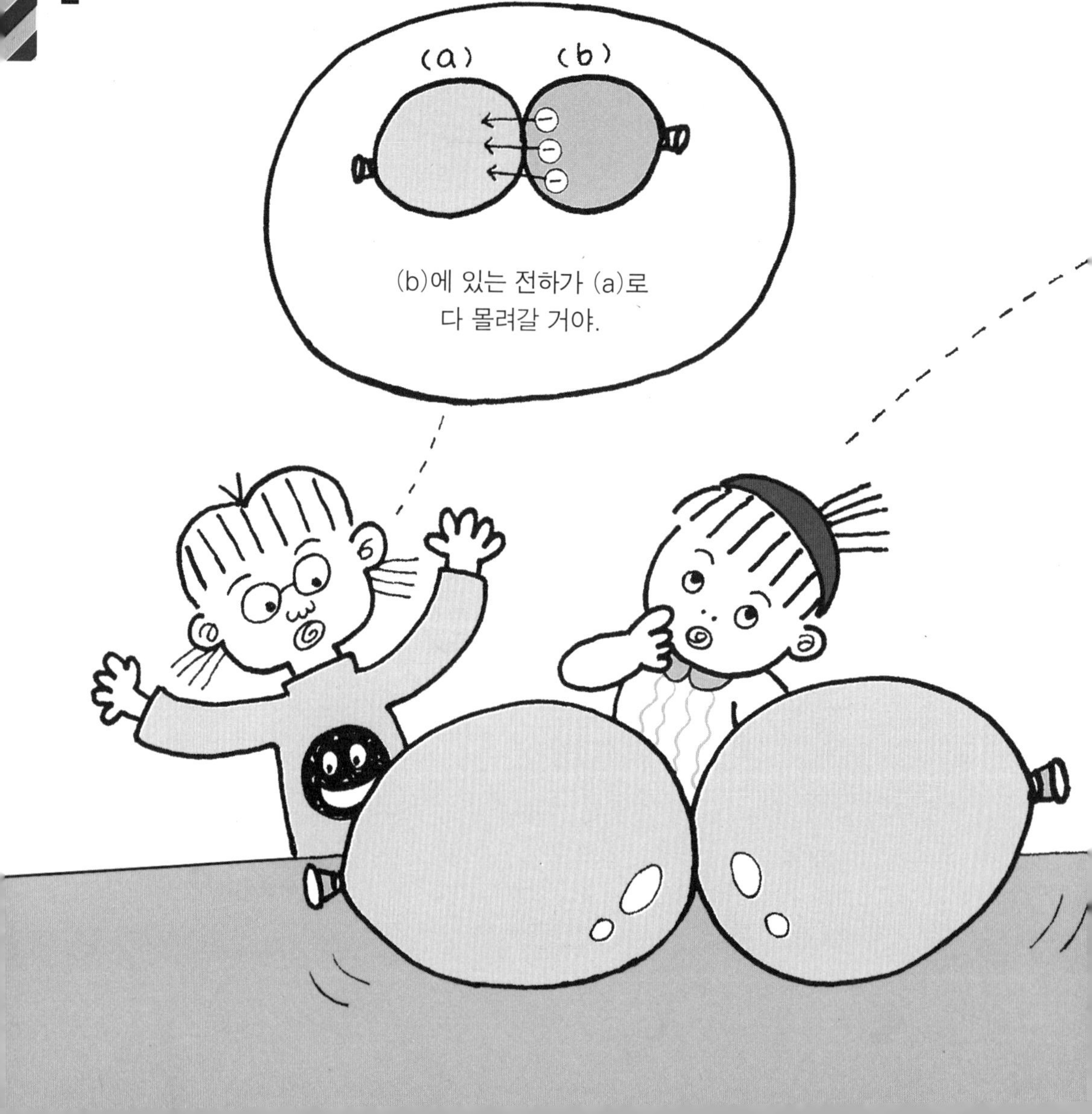

(a)   (b)

(b)에 있는 전하가 (a)로
다 몰려갈 거야.

어떻게 넘어갈까

풍선을 모직 헝겊에 문지르면 마찰 전기가 생긴다는 것은 다 알고 있지? 이 풍선을 대전되지 않은 다른 풍선에 가까이 가져가면 어떻게 될까? 아마 달쏭이 말처럼 풍선 (a)에 원래 풍선 (b)와는 다른 전기가 만들어질 거야. 정전기 유도가 생긴다는 말이지.

그런데 이 실험에선 두 풍선을 가까이 가져간 것이 아니라 완전히 접촉시켰어. 이 경우에도 달쏭이 말처럼 될까? 이 때는 원래 풍선 (b)에 있던 전기가 다른 풍선 (a)로 골고루 퍼져 들어가서 둘 다 같은 전기를 갖게 돼. 생각해 봐. 두 풍선이 접촉하였다면 이미 한 덩어리라고 할 수 있잖아? 그러니 전기가 한 곳에 몰려 있지 않고 두 풍선에 사이 좋게 나누어져 골고루 퍼져 들어가게 되는 거야. 결국 두 풍선이 똑같은 전기를 띠게 되니까 반발력이 생기고 그래서 두 풍선은 서로 밀치게 되는 거지. 비슷한 방법으로 풍선을 벽에 붙일 수도 있는데, 그 방법은 아주 간단해. 풍선을 모직 헝겊에 문지른 다음

우리는 한 덩어리
사이좋게 나눠
가졌지롱 !!

60

벽에 갖다 대는 거야. 그러면 신기하게도 풍선이 벽에 붙어 있는 것을 볼 수 있어. 이는 풍선에 있는 마찰 전기에 의해 벽에 정전기 유도 현상이 생겼기 때문이야. 헝겊을 마찰시켜 (-)전하를 갖게 된 풍선을 벽 가까이 가져가면 벽 표면에 약하나마 (+)전기가 유도되어 서로 달라붙게 되는 거지.

그럼 이 풍선은 시간이 지나면 어떻게 될까?

풍선이 벽에 붙게 되면 그 때부터 풍선 표면의 (-)전하(전자)들은 벽 속으로 이동해 가기 시작해. 풍선 표면의 전하들이 빠져 나갈수록 벽에 붙어 있으려는 전기력은 점점 약해지니까 결국엔 떨어지게 되겠지. 그렇지만 전자들이 벽 속으로 빠져 나가는 속도가 그리 빠르지 않기 때문에 비교적 오랫동안 벽에 붙어 있을 수 있게 되는 거야.

노래하는 풍선

하루는 덜렁이가 외국의 어느 나라에서 환경 보호 운동의 하나로 쓰레기를 재활용하여 악기를 만들었다는 것을 TV에서 보고는 깊은 감명을 받았어. 비록 볼품 없는 악기지만 여러 명이 모여 악단까지 만들어서 몇 년째 활동하고 있다는 거야.

호기심 많은 덜렁이, 자기도 한번 해 보고 싶어서 맹가이버 삼촌에게 재활용 악기를 만들어 보자고 말했어. 맹가이버 삼촌 역시 흔쾌히 승락을 하고는 지금 당장 쓰레기를 뒤지러 가자는 거야. 그러더니 삼촌은 쓰레기통이 아니라 덜렁이의 책상 서랍을 뒤지는 게 아니겠어? 덜렁이 책상 속이 바로 쓰레기장이라나? 열심히 뒤지던 삼촌은 풍선 하나를 찾아 내더니

"음! 이 정도면 훌륭한 악기가 되겠구나."

하는 거야.

어떻게 할까

이런 것
들이 필요해

풍선

1) 풍선을 불어서 겨드랑이 사이에 끼고 입구를 양 손가락을 이용해 옆으로 잡아 늘려서 소리를 내 보자.

2)풍선을 누르는 겨드랑이의 압력과 풍선 입구를 잡아당기는 힘을 변화시켜 가면서 소리를 들어 보자.

 아리랑 고개

풍
선

• 풍선 입구를 잡아당기지 않고 바람을 빼면 '푸르륵' 하
는 소리가 나지만 풍선 입구를 양쪽으로 쫙 벌린 채 바람
을 빼면 '삐익' 하는 제법 고운 소리가 나는데
왜 그럴까?

입이 너무
빨리 움직여!

풍선 입구를
늘리면 공기의
진동이 더
빨라지기
때문이야.

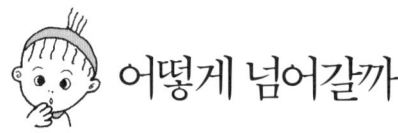 ## 어떻게 넘어갈까

　여러분들은 어릴 적에 풍선놀이를 하면서 일부러 또는 실수로 풍선을 크게 불었다가 다시 바람이 빠져나가게 해 본 적이 있을 거야. 그 때 풍선 입구가 어땠는지 기억나니? 기억이 잘 안 나면 지금 한번 해 봐. 풍선 안의 공기가 빠져나가면 풍선 입구는 '푸르륵' 소리를 내면서 요동을 치지. 이것은 풍선 안의 공기가 좁은 풍선 입구로 빠르게 빠져나갈 때는 불규칙하게 빠져나가기 때문이야. 이 불규칙한 흐름이 그대로 풍선에 전달되어 풍선 입구를 진동시키는 거야. 앞에서 실험했던 풍선에서 '빽' 소리가 나는 것도 방금 설명한 것처럼 풍선 입구가 진동하기 때문이야.

　그럼 왜 풍선 입구를 잡아당기면 '빽' 하는 높은 소리가 나고, 그렇지 않으면 '푸르륵' 소리가 나는 걸까? 그건 두 경우에 풍선 입구의 진동수가 다르기 때문이야. 소리의 높낮이는 진동 횟수와 관계가 깊어. 보통 높은 음이 날 때는 진동수가 높고, 반대로 낮은 음이 날 때는 진동수가 낮아. 그러니까 풍선 입구를 잡아당길 때 높은 음이 생겼다는 것은 그만큼 풍선 입구가 빠르게 진동했다는 것을 말해 주는 거야.

　큰 종과 작은 종을 생각해 봐. 큰 종을 칠 때는 낮고 둔탁한 소리가 나지만, 작은 종을 칠 때는 높고 날카로운 소리가 나지? 이는 큰 종의 진동수가 작은 종의 진동수보다 훨씬 작기 때문이야.

(진동수가 낮다)

(진동수가 높다)

사람이 들을 수 있는 음의 한계는 진동수가 20Hz(헤르츠 : 1초 동안에 진동한 횟수)에서 2만Hz(헤르츠)까지 라고 해.

2만Hz(헤르츠) 이상의 소리가 나면 사람은 들을 수 없어. 돌고래나 박쥐와 같은 동물이 내는 초음파라는 것이 바로 이 경우에 해당되지.

우리는 종종 소리의 높낮이와 소리의 크기를 혼동하곤 하는데 이 둘은 엄연히 달라. 앞에서 예를 든 큰 종은 작은 종과는 비교가 안 될 정도로 큰 소리를 내지. 하지만 작은 종이 훨씬 음이 높아.

보통 소리를 측정할 때 dB(데시벨)이라는 단위를 사용하는데 이는 소리의 높낮이가 아니라 소리가 얼마나 큰가를 알아보는 거야.

君) 름읆이

물 속에 들어가면
왜 가벼워지는 걸까

오랫만에 목욕탕에 간 덜렁이, 물 속에 들어가서 이런 저런 장난을 치고 있었지. 그러다 우연히 양손의 힘만으로 도 온몸을 지탱할 수 있다는 것을 알아 냈어. 그 정도가 아 니라 양쪽 손가락만 가지고도 몸을 지탱할 수가 있었지.

'이야! 내가 언제 이렇게 힘이 세졌지?' 하면서 덜렁이 는 자기 자신에 대해 스스로 감탄했어. 하지만 그 감탄은 곧 실망으로 바뀌었지. 물 밖으로 나오자마자 아까의 그 힘은 온데간데없이 사라져 버린 거야. '어? 조금 전까지는 분명 슈퍼맨 같았는데…….' 이상하게 생각한 덜렁이는 집에 와서 삼촌에게 물어 보았어. 그러자 삼촌은 도리어 이렇게 질문하는 거야.

"순 쇳덩어리로 만든 배가 왜 물 위에 뜨는 줄 아니?"

"그야 배니까……. 어? 정말 그 무거운 배가 어떻게 물 위에 뜨지? 그런데 그게 내가 물 속에서 힘이 세지는 거랑 무슨 상관이 있어?"

"아주 관계가 많지. 아니 똑같은 현상이라고 할 수 있어."

"?"

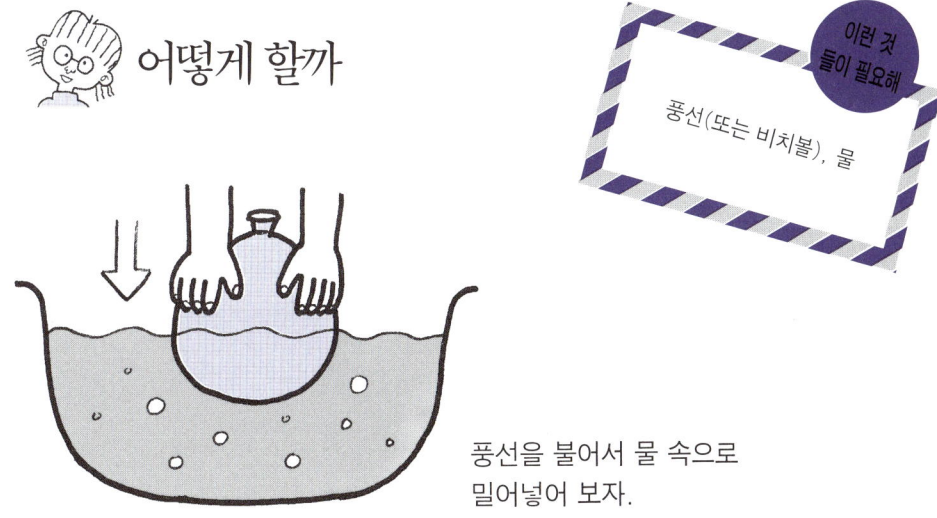

어떻게 할까

이런 것들이 필요해

풍선(또는 비치볼), 물

풍선을 불어서 물 속으로 밀어넣어 보자.

물 속에 들어가면 왜 가벼워지는 걸까

 아리랑 고개

• 풍선을 물 속으로 집어넣었다가 손을 떼면 풍선이 금방 물 밖
으로 튀어오르게 되는데 그 이유는 무엇일까?

부력

그건 물의 부력
때문일 거야.

 # 어떻게 넘어갈까

풍선을 물 속에 집어넣기가 꽤나 힘들지? 보통 때는 손가락 하나로 톡 쳐도 멀리까지 날아가는 놈이 물 속에만 들어가면 갑자기 힘이 세진단 말이야. 사실은 풍선의 힘이 세졌다기보다는 물이 풍선을 밀고 있다고 말해야 옳은데, 이 힘이 다름 아닌 부력이라고 하는 힘이야. 부력은 약 2200년 전 아르키메데스가 처음으로 발견했어. 어떤 물체이건 물 속에 들어가면 물로부터 밀어올리는 힘을 받게 되는데, 그 힘은 정확하게 그 물체가 밀어 낸 물의 무게와 똑같다고 해.

풍선이 물 속에 있을 때 풍선의 무게와 부력을 비교해 보면 당연히 부력(풍선이 밀어 낸 만큼의 물의 무게)이 풍선의 무게보다 훨씬 크기 때문에 손을 떼면 풍선은 위쪽으로 튀어 오르게 되는 거야.

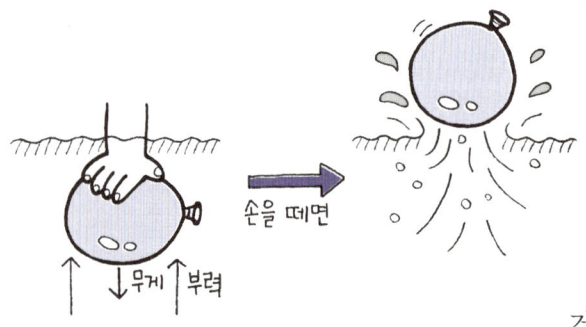

이 부력은 우리가 목욕탕에 가면 몸으로 직접 느껴 볼 수가 있어. 물 속에 들어가서 팔을 들어 올릴 때 팔이 물 밖으로 나온 순간부터 갑자기 무거워지는 것을 느낄 수 있는데, 이는

팔이 물 속에 있을 때는 부력을 받지만 물 밖으로 나오면 부력이 사라져 버리기 때문이야.

이와 똑같은 이치로 바다 속의 고래도 바다 밖으로 나오면 부력이 사라져서 자기 몸을 굉장히 무겁게 느끼는데, 그 무게가 워낙 엄청나서 고래 스스로도 자기 몸무게를 이기지 못하고 아래로 눌려져서 생명까지도 위험해진다고 해.

지금쯤이면 쇳덩어리로 만든 배가 물 위에 뜰 수 있는 이유도 짐작이 가겠지? 그래 바로 부력 때문이야. 물론 완전히 쇳덩어리라면 물 속으로 가라앉겠지만, 배는 겉은 쇳덩어리지만 속은 빈 공간들이 많이 있어서 배가 어느 정도 물 속으로 들어가면 부력이 배 전체의 무게와 같아져서 더 이상 물 속으로 들어가지 않고 물 위에 떠 있을 수 있게 되는 거지.

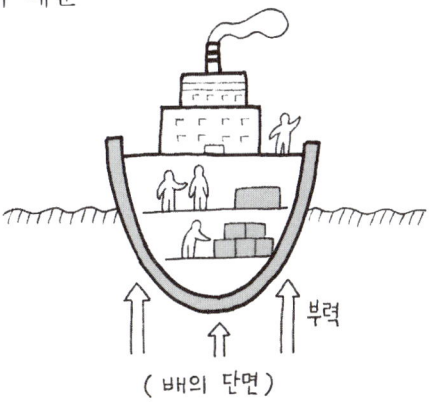

(배의 단면)

(답 : 물이요)

2장
얼음을 이용한 실험

집에서 스노우아이스를 만들려면

몹시 더운 여름날, 덜렁이는 더위를 참지 못해서 냉장고 속으로라도 들어가고 싶은 심정이야. 더위를 식힐 만한 수박, 아이스크림, 빙수는 이미 해치운 지 오래야. 덜렁이는 새로 사 온 콜라가 차갑지 않아 매우 화가 나 있어. 덜렁이는 그 콜라를 빨리 식힐 마음으로 냉동실에 콜라를 넣었지. 얼마 지난 후 덜렁이는 차가워진 콜라를 꺼내 만족스런 얼굴로 마개를 열었어. 그런데.

"와샤샥!"

"에고에고, 내 콜라……."

병 안의 콜라가 마개를 여는 순간 갑자기 얼어 버렸지 뭐야. 덜렁이는 더운 여름날 갑자기 생겨난 얼음이 더위 먹은 콜라 때문인지, 아니면 다른 이유가 있는지 알아보기로 했어.

 ## 어떻게 할까

이런 것들이 필요해

콜라(탄산 음료), 냉장고

1) 콜라 병을 냉동실에 넣는다.
얼기 바로 전에 냉동실에서 꺼낸다.

주의) 너무 오래 얼리면 병이 깨질 수도 있으니 500ml 페트 병을 쓸 것!

2) 마개를 열고 변화를
잘 살핀다.

 ## 아리랑 고개

• 탄산음료는 이름 그대로 물에 이산화탄소를 녹인 거야. 마개를 열었을때 병 안의 변화를 잘 보았니? 왜 마개를 여는 순간 얼어 버린 걸까? 그 까닭을 정확히 이야기한 친구는 누구일까?

얼음

마개를 열 때의 충격때문에 순간적으로 어는 거야.

펑
악

탈출 성공

마개를 열 때 기포가 빠져나오기 때문이야.

Cola

 ## 어떻게 넘어갈까

얼음

콜라나 사이다를 탄산 음료라 해. 탄산 음료는 이산화탄소 기체를 압력을 높여서 액체로 만든 후 다른 첨가물을 넣어 녹여서 만들어. 탄산 음료의 톡 쏘는 맛과 마신 후 배가 불러 오는 느낌은 이산화탄소 때문인데, 이 기체는 물에 잘 녹지 않아. 그래서 이산화탄소를 많이 녹이기 위해 병 안의 압력을 대기압보다 높게 한단다. 이것이 병 마개를 따면 펑 하는 소리가 나는 이유야.

페트 병에 담긴 콜라를 막 흔들어 보렴. 그러면 기포가

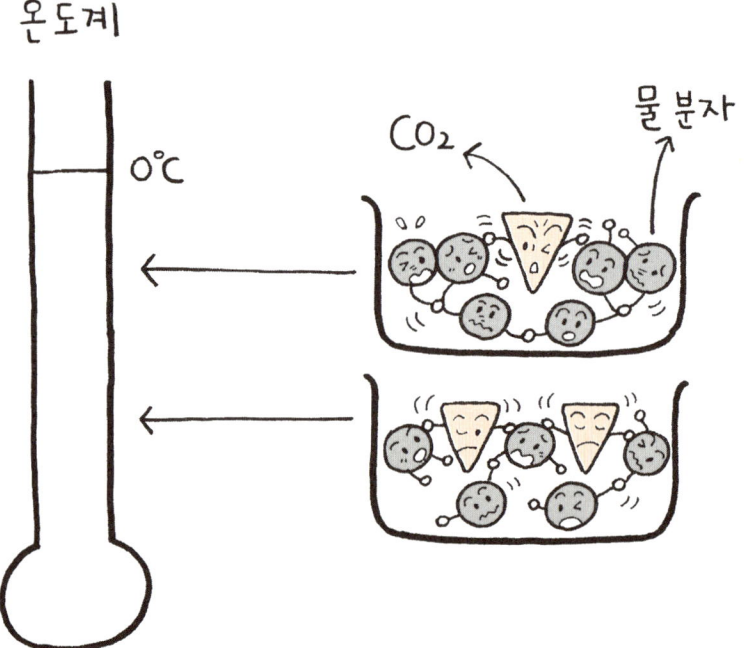

온도계

0°C

CO_2

물 분자

생기고 그 병은 팽팽해지지? 물에서 이산화탄소가 빠져 나와 병의 빈 공간을 채워 압력이 높아지기 때문이야. 이렇게 이산화탄소가 빠져나간 음료수는 정말 김새지? 시원한 맛은 없고 단맛만 남잖아.

콜라는 순수한 물보다 더 낮은 온도에서 얼어. 날씨가 아무리 추워도 바닷물이 잘 얼지 않는 것처럼 물 안에 다른 물질이 들어 있으면 잘 얼지 않지. 다른 물질이 들어 있으면 물 분자들이 서로 가까이 결합하는 것을 방해하기 때문이야. 그러니 물 안에 들어 있는 다른 물질의 양이 많으면 많을수록 더 낮은 온도에서 얼게 되는 거야.

냉동실에 있는 콜라를 꺼내 마개를 열면 위에서부터 아래로 얼어 가는 것을 볼 수 있을 거야. 마개를 여는 순간 콜라 안에 녹아 있던 이산화탄소가 빠져나가 녹아 있는 이산화탄소의 양은 줄어들게 되지. 물이 어는 것을 방해하는 입자가 줄었으니 금방 얼어 버리는 거야.

물과 소금물 중 어느 꼿이 먼저 얼까

엄마가 덜렁이에게 맛있는 아이스크림을 만들어 준다고 하셨어. 신이 난 덜렁이는 아이스크림을 만드는 과정을 지켜보기로 했어. 작은 그릇에 우유, 달걀, 설탕을 넣어 거품을 내고, 큰 그릇에는 얼음 조각을 담고 소금을 잔뜩 뿌리시더라고. 그런 후에 작은 그릇의 혼합물을 큰 그릇에

담았는데 혼합 물질이 점점 굳어지는 거야. 어찌 된 일일
까?

 어떻게 할까

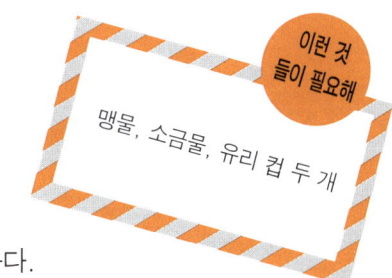

이런 것
들이 필요해

맹물, 소금물, 유리 컵 두 개

1) 두 개의 유리 컵에 맹물과 소금물을 각각 붓는다.

2) 두 개의 유리 컵이 실내 온도와 같아지게
충분히 놓아 둔 후에 냉동실에 넣는다.

냉동실에
넣는다

 # 아리랑 고개

• 소금물이 맹물보다 나중에 어는 이유는 무엇일까?

순애야 "안 돼" 수일씨

물분자   소금   물분자

소금 입자가 물 분자들이
서로 가까이 결합하는 것을
방해하기 때문이야.

 # 어떻게 넘어갈까

물이 0°C에서 어는 거 알지? 0°C에서 물 분자들은 서로 단단히 달라붙어서 얼음이 되는 거야. 처음에 이 얼음은 물의 표면에서 자라기 시작해. 왜냐고? 얼음의 밀도가 물보다 더 작으니까 그렇지. 물 분자가 모두 고체로 될 때까지 얼음은 층층이 자라는 거야.

그런데 실험처럼 소금은 양전하를 띤 나트륨 이온과 음전하를 띤 염화 이온이 반대되는 전하의 인력에 의해 묶여 있는 거야. 소금이 물 속에 들어가면 한쪽의 물 분자들은

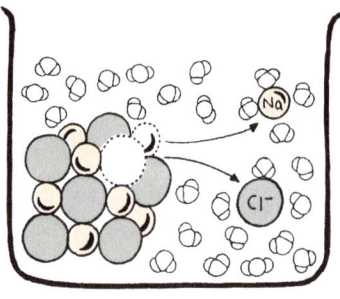

나트륨 이온을 잡아당겨 에워싸고, 다른 쪽의 물 분자들은 염화 이온을 둘러싸서, 각각의 이온들은 서로 떨어져 있게 되지. 이 나트륨 이온과 염화 이온은 물 분자들이 서로에게 접근하여 고체가 되

는 것을 방해해. 그래서 소금을 넣은 물은 0°C에서 얼지 못하는 거야.

하지만 주위의 온도가 더 떨어지면 물 분자들은 오기가 나서 점점 나트륨 이온과 염소 이온의 방해를 물리치고 단단히 결합하려 하지. 그러면 이온들은 얼음 결정으로부터

멀리 밀리게 돼.

이것을 확인해 보고 싶으면 종이 컵에 맹물을 담고 물감을 좀 타서 얼려 봐. 정말 눈곱만큼만 넣고 잘 섞어야 해. 냉동실에 하룻밤 넣어 두고 얼면 종이 컵을 찢고 얼음덩어리를 잘 봐. 얼음 한가운데에 물감이 몰려 있는 것을 볼 수 있을 거야. 찐빵 속의 팥처럼 생겼어. 냉동실의 차가운 부분과 닿아 있는 물 분자가 서로 단단히 달라붙으면 물감 색소는 그 틈에서 밀려나 나중에는 한곳으로 몰리게 되는 거지. 물감대신에 소금 입자로 바꾸어 생각해 봐. 그렇다면 소금을 넣어 얼린 얼음은 짠맛의 정도가 다르겠지? 어디가 제일 짠맛이 날까?

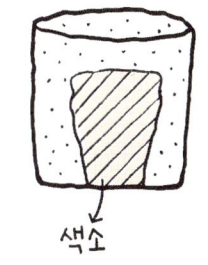

색소

액체의 어는 점을 낮추는 일은 매우 중요해. 에틸렌글리콜(부동액)이라고 하는 화학 물질을 자동차 라디에이터의 물에 첨가하면 그 물은 추운 겨울에도 얼지 않아. 겨울에 빙판이 된 도로를 녹이기 위해 염화칼슘을 뿌리는 것을 본 적이 있지? 염화 칼슘은 물을 빨아들이는 성질이 있어. '물 먹는 하마'의 주성분도 이 물질이야. 도로에 이것을 뿌리면 빙판이나 쌓였던 눈이 녹아 내리지. 이렇게 녹은 물은 0°C보다 더 낮은 온도에서 얼게 되는 거야.

기름도 얼리면
얼음처럼 가벼워질까

맹가이버 삼촌을 따라 얼음 낚시를 간 덜렁이. 날씨는 춥고 고기는 잡히지도 않고 ……. 덜렁이는 좀이 쑤셔 죽겠는데 맹가이버 삼촌은 꼼짝도 않는 찌를 바라보며 용케 지루함을 견디고 있네.

'낚시의 맛은 도대체 무엇일까?'를 생각하며 얼음 구멍을 한참 동안 바라보던 덜렁이의 입이 해죽 벌어지더니 웃

음을 참지 못하는 거야. "덜렁아, 왜 그래?" 맹가이버 삼촌
이 묻자 덜렁이는
　"만약에 물이 아랫부분부터 언다면 힘들이지 않고 이 고
　기들을 다 잡을 수 있을 거야, 그렇지?"
라고 말하는데…….

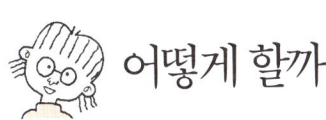 어떻게 할까

1) 병에 기름을 담고 냉동실에 넣어 얼린다.

2) 기름 병을 꺼내 녹기 시작하면 언 기름의 위치를 잘 관찰한다.

기름 ←

기름도 얼리면 얼음처럼 가벼워질까

 아리랑 고개

• 기름은 어디서부터 얼까?

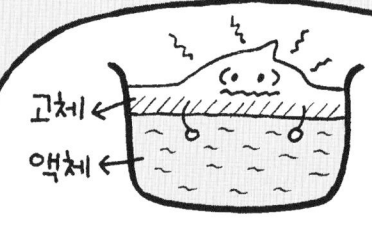

고첵 ←
액첵 ←

고깃국이 식을 때
기름이 위부터 굳듯이
기름도 위부터 얼어.

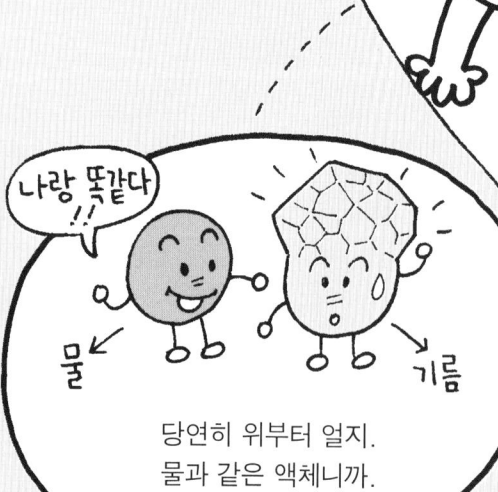

나랑 똑같다
!!

물 ←

→ 기름

당연히 위부터 얼지.
물과 같은 액체니까.

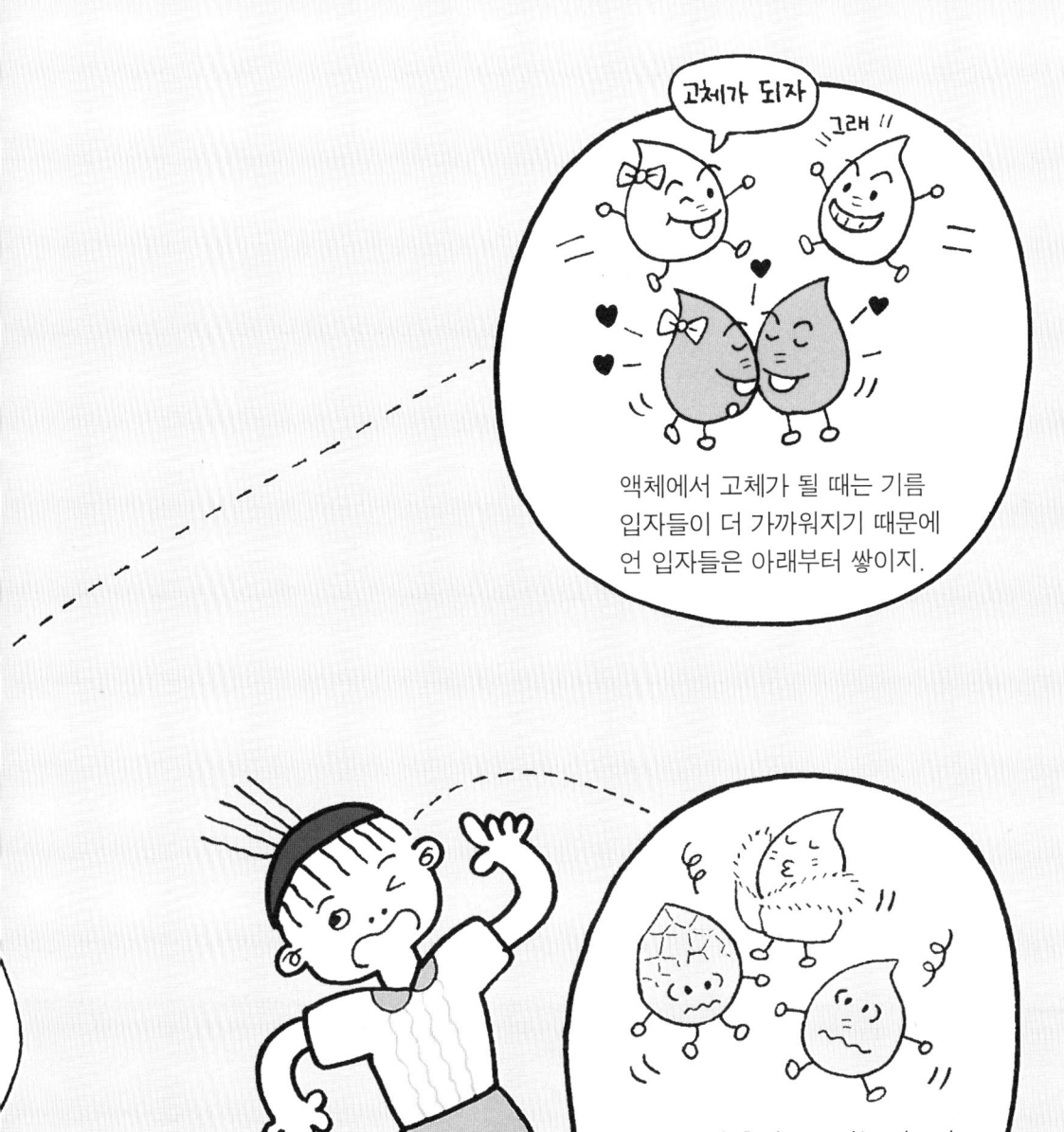

 # 어떻게 넘어갈까

기름이 녹아도 언 기름 입자는 병 바닥에 그대로 있는 것을 보았니? 결과가 의외라고? 물에 얼음을 넣으면 동동 뜨는데 이상하지? 기름은 참 별나다. 그렇지? 왜 그럴까?

고체 상태는 너희들이 운동장에서 체육 수업을 받을 때, 수업이 시작되면 선생님께 인사하고 수업 내용을 듣기 위해 반팔 간격으로 서 있을 때와 비슷해. 그리고 액체 상태는 체조를 하기 위해 양팔 간격으로 벌려 서 있을 때와 같지. 같은 수의 아이들이 모여 있을 때와 멀리 떨어져 있을 경우, 어디가 더 부피가 적을까? 그래, 아이들이 가까이 모여 있을 때지. 이런 경우 '밀도가 더 크다'라고 말하는 거야. 날씨가 추워지면 너희들은 움직이기도 싫어 옹기종기 교실에 모여 있지? 그러나 날씨가 따뜻해지면 기운도 나고, 가만히 교실에 앉아 있는 것이 답답해 운동장으로 나가 좋아하는 농구도 하며 신나게 놀잖아. 기름 입자들도 마찬가지야. 기름 입자들도 열을 받으면 기운이 넘쳐. 기름 입자들이 열을 받아서 제자리뛰기, 팔벌리기, 다리펴기와 같은 운동을 하고 있는 액체 상태보다, 가지런히 배열되어 제자리뛰기만 하는 고체 상태가 더 밀도가 크다는 이야기야. 언 기름 입자는 무거우니 바닥에 있고, 그 위에 가벼운 액체 기름 입자가 뜨는 거야.

궁금이가 말한 것은 서로 다른 액체(물과 기름)에서 기름이 물보다 밀도가 작고, 물 위에 뜬 기름이 굳게 되는 것이니까 얘기가 좀 다르지. 다른 액체들은 어떨까? 물과 같을까, 기름과 같을까?

사실 기름이 별난 것이 아니라 물이 특이한 성질을 갖는다면 더 놀라겠지? 물이 너무 흔해서 모든 액체를 대표하는 것으로 생각하지만 그 반대야. 우유나 콜라는 물이 주요 성분이기 때문에 위에서부터 어는 거지, 모든 액체가 다 위에서부터 어는 것은 아니야.

물이 아래에서부터 언다고 생각해 봐. 덜렁이처럼 좋아만 할 수 있을까? 물 속에 사는 생물들이 살 수 없게 되니 오히려 큰일이지.

병이 땀을 흘린다는데

땀 흘리는 병을 본 적 있니? 병이 사우나를 즐기냐고? 병에 너무 뜨거운 물을 담아 열 받은 거 아니냐고? 얼음물을 담아도 땀을 흘린다고? 맹가이버 삼촌은 병이 물을 잡아 내고 있는 거라고 말하는데, 무슨 뜬구름 잡는 소릴까? 병이 물 먹는 하마도 아니고 어떻게 물을 잡는다는 거지?

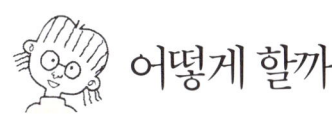 ## 어떻게 할까

1) 병에 얼음 조각을 넣고 물을 반쯤 붓는다.

2) 얼음물의 온도가 실내보다 차가우면
병의 바깥쪽에 물방울이 생긴다.

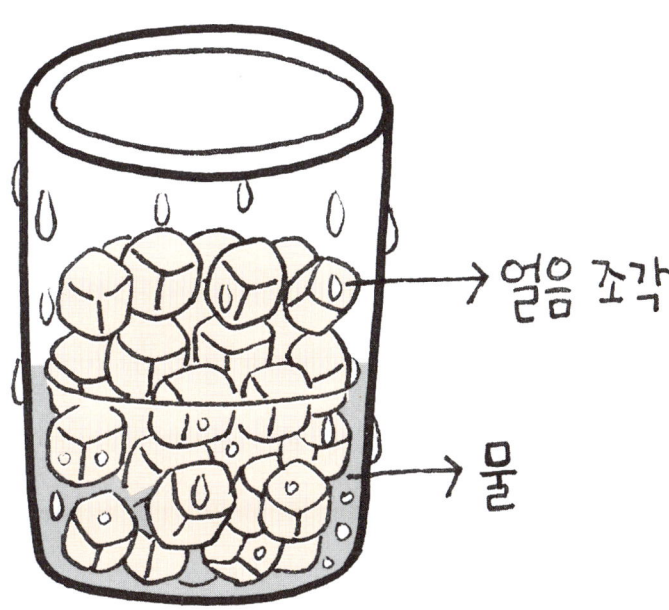

→ 얼음 조각

→ 물

 # 아리랑 고개

얼음

• 병에 생긴 물방울들은 어디에서 온 것일까?

증발된 수증기는 병 표면에 집합 !!

찬공기

병에 담긴 물에서 증발한
수증기가 찬 공기와 만나서
생기는 거야.

더운공기와
찬공기가
만나면 물이
되지요 !!

물

병 안의
찬 공기와 병 밖의 더운 공기가
만나서 생긴 거야.

 ## 어떻게 넘어갈까

병의 바깥쪽에 생기는 물방울을 보았지? 이 물은 어디서 부터 온 것일까?

공기에는 질소, 산소, 이산화탄소 등의 분자들이 있어. 또 수증기도 섞여 있지. 수증기는 날씨가 추울 때보다 따뜻할 때 더 많아. 공기에 있는 모든 분자들은 이리저리 운동을 하고 있어. 그러다가 어떤 물체에 부딪히기도 하지. 좀 아프겠지? 방 안의 따뜻한 공기가 차가운 병의 유리에 부딪히면 공기에 있는 수증기는 열을 빼앗겨 응결하게 되

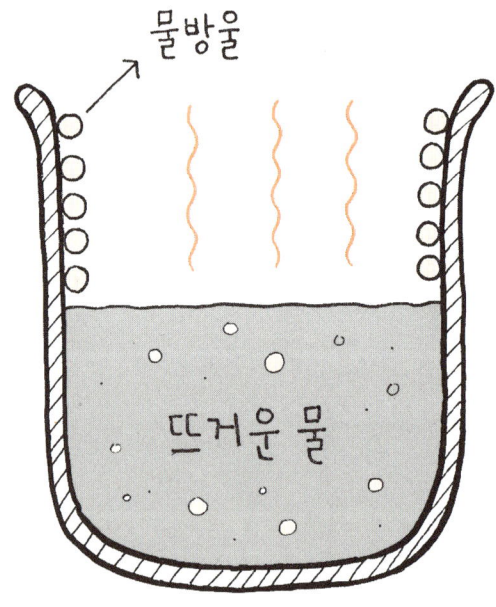

물방울

뜨거운 물

는 거야.

　다른 것도 좀 해 볼까? 병에 뜨거운 물을 넣어 두면 물방울은 어디에서 생길까? 병의 안쪽일까? 바깥쪽일까? 똑같은 이유로 병의 안쪽에 생긴다고? 그래, 맞아. 뜨거운 물에서 생긴 수증기는 올라가지. 그 증기가 유리의 차가운 부분과 만나면 증기의 일부는 응결하여 물방울이 되어 안쪽 면에 달라붙지.

　목욕 후에 욕실의 거울이 뿌옇게 되는 거나, 추운 곳에서 버스를 기다리다 버스를 타면 안경이 뿌옇게 되는 거나 모두 같은 이유라는 것도 알겠지?

얼음 위에서 스케이트를 탈 수 있는 이유

서로 붙여 놓았다가 손으로 떼면 떨어지고, 또다시 붙일 수 있는 두 개의 얼음 조각이 있어. 어떻게 만든 얼음 조각이냐고? 포스트잇에 바르는 접착제를 발랐냐고? 아니야. 그냥 물을 얼려서 만든 것뿐이야. 너도 할 수 있어. 두 개의 얼음 조각을 손으로 잡고, 얼음 조각을 바라보며 기(氣)를 모으면 돼. 한번 해 볼까?

 # 어떻게 할까

이런 것들이 필요해

얼음 조각 두 개

1) 얼음 조각 두 개를 양끝에서 꽉 눌러 준다.

2) 손가락을 떼고 얼음 조각을 놓아 둔다.
얼음 조각은 서로 달라붙는다.

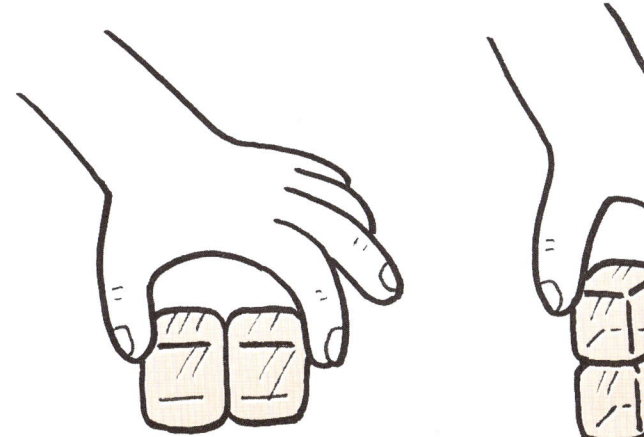

 ## 아리랑 고개

• 두 개의 얼음 조각이 서로 달라붙는 이유는 무엇일까?

손의 열 때문에
우리가 다시 만났다
! !

물 분자

손의 열이 전달되어 녹인
물 분자 사이의 인력 때문이야.

 # 어떻게 넘어갈까

어떤 이유로 얼음 조각이 달라붙는 걸까? 정말 손가락 끝에서 나오는 힘 때문일까? 얼음에 열을 가하면 물이 되지. 그것말고 얼음을 물로 만드는 또 다른 방법이 있어. 뭐냐고? 여기 실험에서처럼 압력을 높이는 방법이야.

손으로 두 개의 얼음 조각 끝을 누르면 그 힘에 의해 얼음은 녹게 되지. 손을 떼면 두 개의 얼음 조각이 접촉한 면에 압력의 효과가 없어지고, 얼음 때문에 온도가 떨어져 물은 다시 얼게 되는 거야(이런 걸 복빙 현상이라고 해).

알프스와 같이 높은 산에는 눈이 녹지 않고 쌓여 있다고 해. 눈은 매우 천천히 이동하여 빙하를 이루는데 그것이 바로 이 실험의 원리와 같은 거야. 눈이 쌓이고 쌓이면 그 바닥은 눈의 무게로 커다란 압력이 작용해서 녹게 되고, 산의 낮은 부분으로 흐르게 되지.

압력에 의해 얼음이 녹는 성질을 이용한 다른 실험을 해 볼까? 그림처럼 가느다란 철사줄에 무거운 것을 매달고 얼음 한가운데에 걸쳐 놓는 거야. 그러면 가느다란 철사줄에 압력이 크게 작용해서 얼음이 녹지. 철사줄은 얼음을 녹이며 아래로 내려오고 나중에는 완전히 통과하게 되는 거야. 그러면 얼음은 두 동강 날까? 아니라고? 맞아. 철사줄이 지나면서 녹은 물은 다시 얼게 돼.

우리가 얼음판 위에서 스케이트를 탈 수 있는 것도 같은 이유야. 우리는 얼음판 위에서 스케이트를 타는 것이 아니라 사실은 물 위에서 타는 거야. 수상 스키냐고? 자, 생각해 봐. 얼음과 강철의 만남을. 마찰 때문에 '빽' 소리가 날 것 같지 않니? 그럼에도 우리가 스케이트를 탈 수 있는 이유는 우리의 몸을 두 개의 스케이트 날이 떠받치고 있기 때문이야. 두 개의 날에 우리의 체중만한 압력이 작용하면 날 밑의 얼음은 녹아서 마찰이 더 적은 물층을 형성하는 거야. 스케이트 날이 지나가면 녹았다가 날씨가 추우니까 다시 얼게 되는 거지.

또 다른 영향은 얼음과 스케이트 날에 의한 마찰열이야. 얼음과 스케이트날이 부딪힐 때 마찰열이 생기고 이 열이 얼음을 물로 만들어 잘 미끄러지게 하는 거야.

구름이 하늘에 떠 있는 이유

하늘에 두둥실 떠 있는 구름을 타고 날아다니고 싶은 맘 없니? 솜털처럼 부드러운 구름이 살짝 땅에 내려앉으면 손으로 만져 볼 수도 있고, 그 위에 올라앉아 세상 여행을 할 수도 있을 텐데. 구름은 왜 항상 손이 닿지 않는 곳에만 있을까?

맹가이버 삼촌이 갑자기 구름을 만들어 주겠다고 하는데 믿어도 좋을까?

 어떻게 할까

이런 것
들이 필요해

긴 유리병, 얼음 주머니,
얼음 조각, 뜨거운 물

유리병에 뜨거운 물을 약간 넣고 얼음 조각을
가득 넣은 주머니를 올려놓는다.
그러면 병 안에 뿌옇게 구름이 생긴다.

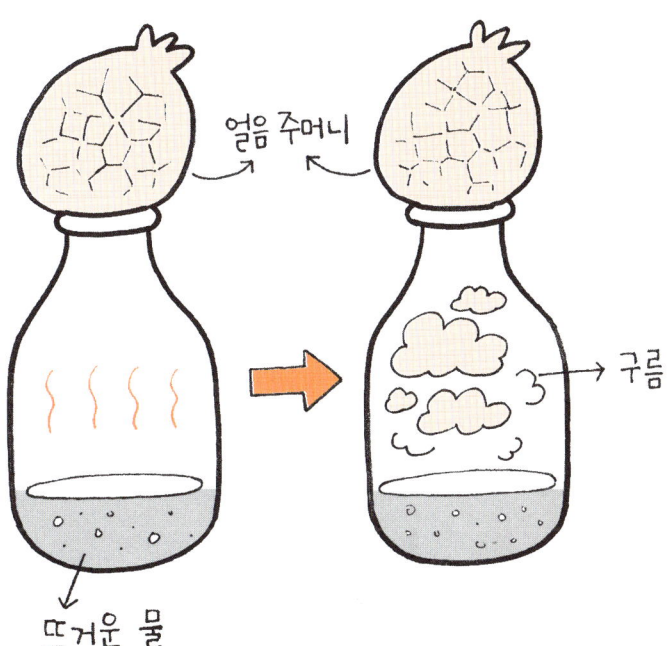

얼음 주머니

구름

뜨거운 물

 # 아리랑 고개

- 작은 구름이 병 안에 생기는
  것을 볼 수 있지?
  무엇이 이 구름을
  떠 있게 하는 걸까?

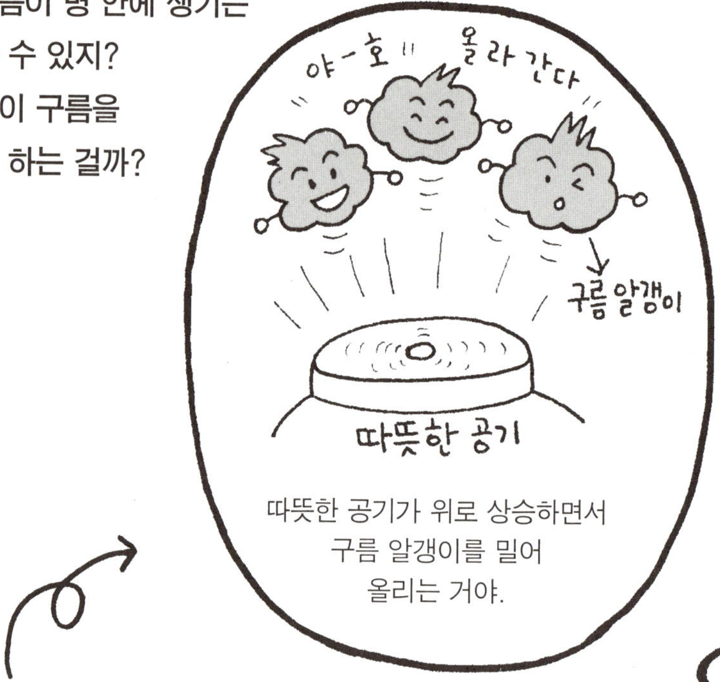

얼음

"야—호" 올라 간다

구름 알갱이

따뜻한 공기

따뜻한 공기가 위로 상승하면서
구름 알갱이를 밀어
올리는 거야.

 # 어떻게 넘어갈까

공기 중에는 수증기가 있다는 거 알지? 공기의 온도에 따라 품을 수 있는 수증기의 양은 달라. 공기가 차가워지면 포함할 수 있는 수증기의 양이 줄어들고, 그 나머지는 물 알갱이로 응결하게 돼.

실험에서 구름은, 뜨거운 물 때문에 따뜻해진 공기와 얼음 때문에 생긴 차가운 공기가 만나 수증기가 응결하여 생긴 거야. 결국 작은 물 알갱이들이 흩어져 있는 거라고 생각하면 돼.

구름 속의 알갱이들은 너무 작고 가벼워. 너무 작기 때문에 공기 저항을 많이 받아 빨리 떨어지지 못해(초당 수 cm 정도래). 그래서 떠 있는 것처럼 보이는 거야. 또 이렇게 가벼우니까 아주 미약한 공기의 흐름으로도 구름들을 움직이게 할 수 있어.

따뜻한 공기의 상승 기류는 아주 작은 물방울들을 위로 밀어 주게 돼. 위로 움직이는 공기의 양에 따라 구름은 올라가기도 하고 내려오기도 하는 거야.

구름들이 서로 달라붙어 무거워지면 보다 빨리 떨어지게 되는데 이것이 바로 비야.

안개도 구름과 같지. 다만 물방울이 생기는 높이가 다른 것뿐이야. 따뜻한 공기가 차가운 땅과 만나면 역시 공기

중의 수증기는 응결하게 되는데 이렇게 땅 가까이에서 뿌옇게 형성되는 것을 안개라고 부르는 거야.

 룸름의이

3장
달걀을 이용한 실험

병이 달걀을 삼킨다고

덜렁이는 오늘 학교에서 알쏭이한테서 생일 선물을 받았어. 포장을 풀고 보니 예쁘게 물들인 삶은 달걀이 담긴 유리병과 카드가 들어 있었어. 카드에는 생일을 축하한다는 말과 함께 주둥이가 작은 유리병에 어떻게 달걀을 넣었는지 알아맞히면 다른 선물을 또 하나 주겠다는 말이 써 있었어. 덜렁이는 선물을 주려면 곱게 줄 것이지 심통 사납게 군다고 투덜거리면서도 고민에 빠졌어. 선물을 놓칠 수야 없지 않겠어?

고민고민하던 덜렁이는 맹가이버 삼촌의 도움을 구하기
로 했어.

어떻게 할까

이런 것
들이 필요해

180㎖ 썬키스트 100% 주스
병, 삶은 달걀, 끓인 물 또는
성냥, 종이 조각

1) 끓인 물을 병에 넣고 잘 흔든 후 물을 버린다.
또는 종이 조각에 불을 붙여 병 안에 집어넣는다.

주의) 끓인 물에 손을 데지 않도록 조심하고,
  뜨거운 물을 병에 부을 때 깨지지 않게 조심할 것!

2) 갓 삶은 달걀은 껍질을 벗긴 다음
병의 입구에 놓는다.
그러면 달걀은 병 안으로 쏘옥~.

병이 달걀을 삼킨다고

아리랑 고개

- 달걀은 어떻게 주둥이가 작은 유리병 안으로 들어갔을까?

달걀

뜨거운 공기

뜨거운 공기가 안에서 달걀을 빨아들인 거야.

어떻게 넘어갈까

유리병의 주둥이에 비해 달걀이 너무 커 유리병 안으로 달걀이 들어간다는 것이 믿어지지 않았지? 이제 알쏭이가 어떻게 주둥이가 작은 유리병에 달걀을 넣었는지 알았을 거야.

유리병을 뜨거운 물로 헹구면 그 열 때문에 공기가 밖으로 밀려나가게 되고, 달걀을 병 위에 놓아 두면 시간이 지나면서 공기가 수축하니까 유리병 안의 압력은 작아지게 되지. 그런데 유리병 밖과 달걀에는 대기압이 작용하니까 달걀은 밀려들어갈 수밖에 없는 거야.

밀려들어가는 달걀의 몸부림이 처절하지? 달걀을 재빨

리 삼키는 게걸스러운 병을 만들려면 종이 조각에 불을 붙여 병 속에 넣고, 바로 달걀을 병 위에 얹으면 돼. 눈을 크게 뜨고 잘 봐. 빠져나가는 공기 때문에 달걀이 들썩들썩하는 것이 보이지? 우리 몸 내부의 압력과 대기압은 평행 상태에 있기 때문에 대기압의 위력을 실감하지 못하는 것뿐인데, 이제 대기압이 얼마나 힘이 센지 알았지?

그런데 유리병 안에 담긴 달걀을 꺼내려면 어떻게 해야 할까? 병을 거꾸로 해서 입으로 빨아들여야 할까? 아니면 힘껏 병을 불어야 할까?

자, 해 봐. 그 까닭도 생각해 보고.

(큰 병처럼이)

왕달걀을 만드는 방법

슈퍼 쥐처럼 커다란 달걀을 본 적이 있니? 닭의 유전자를 변화시켰냐고? 아니야. 그런 어려운 이야기는 몰라. 무게 많이 나가라고 소처럼 물을 먹였냐고? 그것은 좀 비슷한데. 그런데 억지로 먹이는 것은 아니야. 물에 담기만 하면 저절로 뚱뚱해져 왕달걀이 돼. 왕달걀을 한번 만들어 볼까?

 어떻게 할까

이런 것
들이 필요해

달걀, 식초
(또는 묽은 염산),
물, 유리컵

식초 또는 묽은 염산

1) 달걀을 식초에 담가 하룻밤
놓아 둔다.
빨리 녹이려면 묽은 염산에 담근다.

주의) 염산의 증기를 마시거나 손에 묻지 않도
록 주의할 것!

2) 달걀의 겉 껍질이 모두
녹았으면 식초를 따라 내고
물을 부은 뒤 며칠 동안 놔 둔다.

물

왕달걀을 만드는 방법

 # 아리랑 고개

· 달걀이 터지는 이유는 무엇 때문일까?

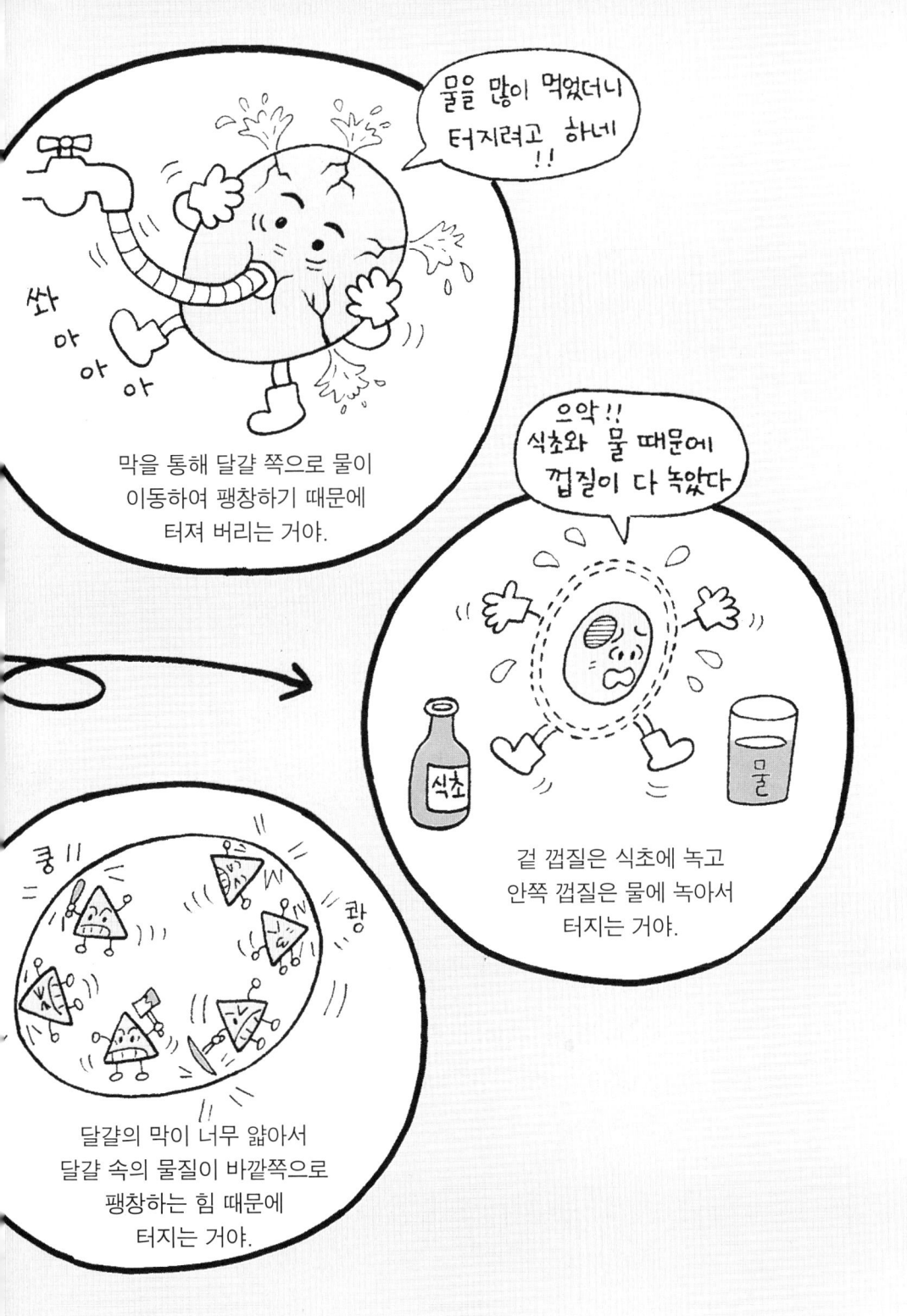

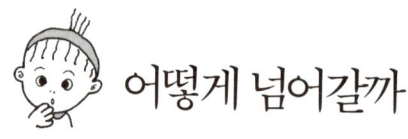 **어떻게 넘어갈까**

달걀은 겉의 단단한 껍질과 바로 안쪽의 희고 얇은 껍질로 구성되어 있어. 달걀을 삶으면 안쪽 껍질이 바깥 껍질에 붙어서 함께 벗겨지기 때문에 구별이 쉽지 않지만 생달걀의 껍질을 살살 떼어 내면 안쪽의 하얀 막을 볼 수 있지.

달걀 껍질의 주성분은 탄산칼슘이야. 분필과 같은 성분이지. 조개 껍데기나 대리석의 주성분도 바로 이 물질이야. 달걀의 겉 껍질은 단단하면서도 깨어지기 쉽지만 물이 스며들지는 못하게 되어 있어. 달걀의 안쪽에는 두 개의 막이 있어. 닭이 달걀을 낳고 시간이 지나면 내부 물질이 수축하여 막이 분리되고 계란의 넓적한 끝쪽에 공기집이 생겨. 그러니까 공기집이 작을수록 싱싱한 달걀임을 알 수 있지.

안쪽의 껍질은 매우 특이한 성질을 갖고 있어. 이 흰 막의 성질을 알아 보기 위해서는 겉 껍질을 벗겨 내야 하는데 그 방법이 바로 산에 담그는 거야.

달걀을 식초에 넣어 두면 식초의 성분인 아세트산과 반응 ($CaCO_3 + 2CH_3COOH \rightarrow (CH_3COO)_2Ca + H_2O + CO_2$)하여 흰 거품의 이산화탄소가 발생하면서 껍질이 녹아. 껍질을 빨리 녹이려면 흰 거품을 자주 제거하는 것이 좋아. 너무 오랫동안 담가 두는 것은 좋지 않아.

단백질은 온도에 의해서도 굳어지지만 산에서도 쉽게 응고하거든. 적당히 녹으면 안쪽 껍질이 터지지 않도록 살살 떼어 내라고. 조심해야 해. 실패하면 처음부터 다시 해야 하니까.

이 흰 막은 선택적으로 용매를 이동시킬 수 있어(반투막이라고 해). 달걀 내부의 물질은 밖으로 이동할 수 없지만 물은 통과할 수 있는 특이한 막이야. 달걀 안쪽은 농도가 진하니 달걀 바깥의 농

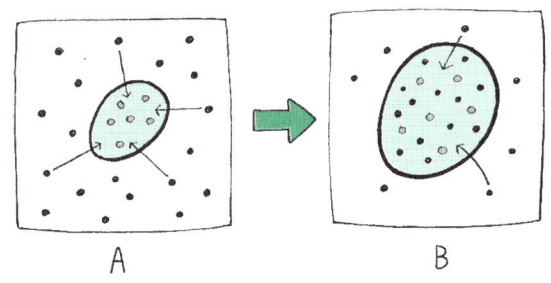

A   B

도와 균형을 맞추기 위해 물이 이동하는 거야. 신통한 평등의 법칙이지? 그 결과 달걀은 팽팽해지는 것이고, 나중에는 터져 버리게 되는 거야.

이렇게 반투막을 통하여 용매가 이동하는 현상을 삼투라고 하고 삼투가 일어나면 막이 용매의 압력을 받게 되는데 이것을 삼투압이라 하지. 이 삼투 현상은 주위에서 많이 볼 수 있어. 배추에 소금을 뿌려 두면 시들시들해지는(절여지는) 현상, 목욕 후에 손가락 끝이 허옇게 부풀어 쭈글쭈글해지는 것 등이 모두 삼투압 때문이지.

름 (君 름이아

새콤달콤한 달걀 피클

옛날 중국에서 달걀을 오랫동안 보관하기 위한 방법으로 진한 소금물에 담가 두었대. 그러면 달걀이 상하지도 않고 나중에 삶아 먹으면 짭잘한 맛이 배어 좋은 반찬이 되었대. 우리도 장조림에 삶은 달걀을 넣어 먹잖아. 이제

삶은 달걀을 간장이 아니라 식초와 소금물의 혼합액에 절여서 먹어 볼까? 그래, 오이 피클처럼 말야. 그러면 새콤달콤한 달걀이 되겠지?

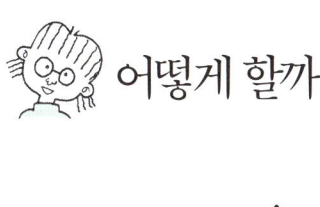 어떻게 할까

소금+식초
(피클용 용액)

이런 것들이 필요해

삶은 달걀 여러 개,
소금과 식초의 혼합 용액
(피클용 용액), 유리병

1) 삶은 달걀의 껍질을 벗겨
피클용 용액이 담긴 유리병에 넣는다.

2) 그 때 달걀의 위치를 잘 관찰한다.

 # 아리랑 고개

• 삶은 달걀을 피클용 용액에 넣으면 어떻게 될까?

달걀

야호

뜬다. 혼합 용액의 밀도가 달걀의
밀도보다 더 크기 때문이야.

어떻게 넘어갈까

달걀이 어떻게 되니? 처음에는 뜨다가 나중에는 가라앉지? 왜 그렇게 되었을까? 같은 용액에서 '뜬다'는 건 뭐고, '가라앉는다'는 건 뭘까? 뜨는 것은 처음에는 삶은 달걀의 밀도가 용액의 밀도보다 작다는 거야. 그리고 시간이 지나면 피클용 용액이 삶은 달걀에 배어들게 되어 밀도가 용액보다 커졌기 때문에 가라앉는 거지. 이건 또 뭔 소리냐고? 쉽게 설명할 테니까 잘 들어 봐.

물이 담긴 유리 컵에 작은 쇠구슬을 넣으면 가라앉고 말아. 그 이유는 쇠구슬 부피만큼의 질량(1ml당 7g 정도)이 같은 부피의 물의 질량(1ml당 약 1g)보다 크기 때문이야. 반대로 부피가 좀 큰 나무 토막을 넣으면 물에 떠. 이것은 나무 토막의 부피에 해당하는 질량이 물의 질량보다 가볍기 때문이지.

맹물에 생달걀을 넣으면 가라앉지. 하지만 진한 소금물에 넣으면 '붕~' 뜨고 말아. 소금물의 농도만 적당히 맞춰 주면 달걀은 뜨지도 가라앉지도 않게 돼.

또 생달걀은 겉 껍질 때문에 용액이 스며들지 않지만 껍질을 벗긴 삶은 달걀은 용액이 스며들어 무거워지니까 가라앉게 되는 거야.

잠수함이 어떻게 물 속에서 자유롭게 뜨고 가라앉는지도

감이 잡히지? 잠수함은 특별한 탱크(밸러스트 탱크)를 가지고 있어. 탱크를 열면 공기가 빠져나가면서 바닷물이 들어오는 거야. 그러면 잠수함의 무게는 무거워져 가라앉지. 반대로 떠오를 때는 펌프를 이용해 바닷물을 밀어 내. 그러면 잠수함 탱크에는 공기가 가득차고 가벼워져서 떠오르게 되지.

물체는 액체 속에 있으면 잠겨진 부피만큼 액체의 무게에 해당하는 부력을 받아. 그래서 물 속의 물체가 공기 중의 물체보다 가볍게 느껴지는 거야. 달걀이 소금물 속에 있을 때는 달걀의 부피에 해당하는 소금물의 무게만큼 부력을 받

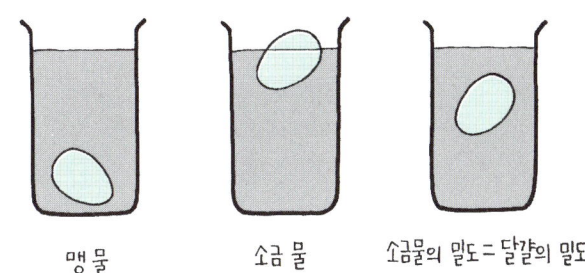

맹물　　　　소금물　　　소금물의 밀도=달걀의 밀도

아. 즉 달걀은 자신의 무게에 해당하는 중력을 받는 거지. 중간에 떠 있을 때 중력과 부력은 같고 결국 생달걀 부피의 질량과 생달걀의 부피에 해당하는 소금물의 질량이 같다는 것이야. 밀도가 같다는 거지.

름) 달걀이

달걀 푸딩을 맛있게 만들려면

요리에 관심이 많은 달쏭이는 친구들에게 맛있는 커스터드 푸딩을 만들어 주었어. 딜렁이는 부풀어오른 달걀의 부드러운 맛에 홀딱 빠졌지 뭐야. 푸딩을 만드는 방법이 간단해서 딜렁이는 자기가 해 보겠다고 나섰는데……. 글쎄, 딱딱하게 덩어리진 푸딩을 만들고 말 게 뭐람. 무언가

132

비법이 있는 것 같은데 달쏭이는 지적 소유권이라나 뭐라
나 하며 가르쳐 주지도 않아. 요리 과정을 되짚어 보던 덜
렁이가 "바로 이거였어."라고 하는데 과연 비법을 찾아 낸
걸까?

 **어떻게 할까**

이런 것
들이 필요해

달걀 노른자, 우유, 설탕,
냄비, 그릇, 거품기

1) 우유에 설탕을 넣고 따뜻하게 데운다.
달걀 노른자를 잘 젓고 따뜻하게 한
우유와 설탕의 혼합액을 넣는다.

2) 푸딩 용기에 넣어 160℃에서
1시간 굽는다.

달걀 푸딩을 맛있게 만들려면

 # 아리랑 고개

• 부드럽고 덩어리지지 않는 커스터드 푸딩을
만들려면 어떻게 해야 할까?

앗!
뜨거

노른자를 잘 휘저은 후
끓는 우유와 설탕의
혼합액을 넣으면
단백질이 응고하여
부드럽게 돼.

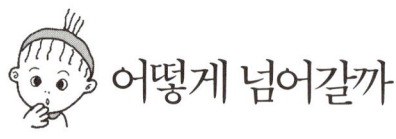

어떻게 넘어갈까

'과학과 요리의 만남' 그럴 듯하지 않니? 뭐 우습다고? 그건 너희들이 먹는 것을 원시적인 욕구로 생각하기 때문이야. 커스터드 푸딩은 달걀에 있는 단백질이 열에 의해 응고하는 성질을 잘 이용해서 만든 거야. 단백질은 긴 사슬로 구성되어 있고 중간중간에 분자들을 연결하는 여러 결합으로 구부러져 둥근 모양(그림 1)을 이루고 있어. 가열을 하면 결합의 일부가 끊기고 구부러졌던

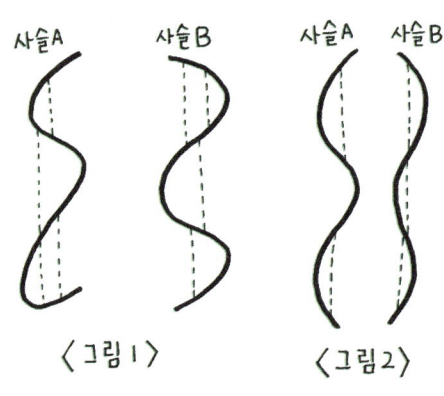

〈그림 1〉　〈그림 2〉

사슬이 풀려 실 모양으로 돼(그림 2). 계속 가열하면 긴 사슬과 사슬 사이를 가로지르는 결합이 생겨 단백질은 단단해져(그림 3). 높은 온도에서 가열하면 단백질에는 더 많은 교차 결합이 생겨 단단하고 질기게 되지. 낮은 온도에서 천천히 가열하면 가열 시간은 오래 걸리지만 부드러운 응고 상태가 돼. 보통 흰자는 약 55~57°C에서 응고하기 시작해서 65°C에, 노른자는 조금 높은

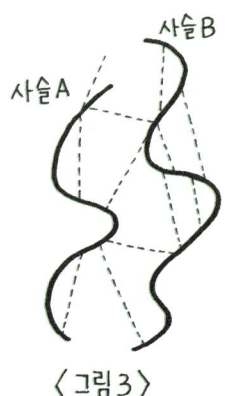

〈그림 3〉

62~65°C에서 응고하기 시작해서 70°C가 되면 완전 응고하지.

덜렁이가 실수한 것은 잘 휘저은 노른자에 우유와 설탕 혼합액을 부을 때였어. 너무 뜨거운 혼합액을 넣으면 잘 달군 프라이팬에 달걀을 얹은 것처럼 부풀기도 전에 딱딱한 덩어리로 돼 버리지. 커스터드를 알맞게 부풀려 부드럽게 만들려면 휘저은 노른자에 이 혼합액을 몇 숟가락 넣어 잘 데운 후에 나머지를 섞어야 해.

달걀에 대한 이야기 좀 해 볼까? 달걀은 달걀 찜, 달걀 프라이, 또 삶아서 그냥 먹기도 하고 샐러드, 샌드위치에 넣어 먹기도 하고 빵 만들 때는 필수품이고…… 정말 쓰임새가 많은 식품이지. 달걀이 껍질과 흰자, 노른자로 돼 있다는 것은 알 거야. 흰자와 노른자에는 몸에 좋은 단백질, 탄수화물, 비타민 등이 들어 있어. 흰자에는 여러 종류의 단백질이 들어 있는데, 저으면 뽀얀 거품이 만들어지기도 해. 노른자에 들어 있는 지방은 마요네즈를 만들 때 아주 큰 역할을 해. 물과 기름을 섞어 봤어? 섞으면 우유처럼 하얗게 되지? 하지만 그냥 놓아 두면 쉽게 물과 기름으로 나눠지잖아. 마요네즈는 식초와 기름으로 만드는데 쉽게 분리되지 않도록 노른자를 넣어 줘. 이런 걸 유화제라고 해.

름) 온믄아

4장
바늘을 이용한 실험

신기한 바늘

알 쏭이와 그 친구들이 맹가이버 삼촌과 함께 등산을 갔
어. 그런데 아뿔사! 다들 처음 가 보는 산인지라 그만 길을
잃어버렸지 뭐야. 날은 점점 어두워지고, 무작정 산 아래
로 내려가는데 가도 가도 끝이 없고, 지도는 있었지만 나
침반이 없으니 방향을 알 수도 없고. 이 때 맹가이버 삼촌

140

이 무언가 생각났다는 듯이 핀과 자석을 찾는 거야. 옷핀
과 달쏭이의 소형 라디오 속에서 자석을 찾아 낸 삼촌은
"이 정도면 되겠군." 하는 거야.

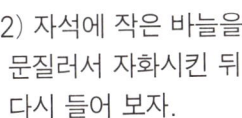 어떻게 할까

이런 것
들이 필요해

바늘, 실, 자석

1) 그림처럼 바늘 중앙에
실을 묶어서 바늘이 수평을
이루게 한다.

2) 자석에 작은 바늘을
문질러서 자화시킨 뒤
다시 들어 보자.

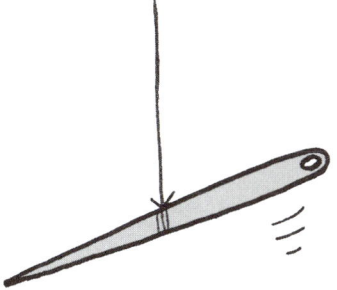

• 바늘을 자화시켜 들어올리면 균형을 이루지 못하고
경사를 이루게 되는데 그 이유는?

바늘 ←

→ 자석

바늘을 문지르는 동안
자석에 있던 입자들이 바늘에
많이 묻어서 바늘의 한쪽이
무거워졌기 때문이야.

# 어떻게 넘어갈까

　지구는 하나의 커다란 자석이라는 말을 들어 봤을 거야. 실제로 지구는 우리가 볼 수 있는 자석 중에서 가장 커다란 자석이라고 할 수 있어. 다들 알다시피 북극 근처에 지구 자기의 S극이 있고, 남극 근처에 지구 자기의 N극이 있어서(간혹 지구 자기의 N, S극을 거꾸로 말하는 사람이 있는데 이 기회에 잘 알아 둬!) 나침반이라는 간단한 기구로 방향을 알아 낼 수가 있지.

　흔히 나침반은 단순히 조그만 쇳조각일 뿐이라고 생각하기 쉽지만, 나침반은 아주 조그만 자석이야. 우리가 앞에서 바늘을 자석에 문질러 만든 것도 다름 아닌 나침반이었어.

　그런데 왜 나침반의 바늘이 아래쪽으로 기울었을까? 그건 바로 지구 자기에 의해 생긴 자기력선이 지면과 수평을 이루지 않기 때문이야. 지구가 어떻게 자석 구실을 하고 있는지에 대해서는 정확한 원인이 밝혀져 있지 않지만 지구 내부에 있는 외핵이 자석의 구실을 하는 것이 아닌가 하고 추측을 하고 있어.

　이 생각대로라면 지구 자기에 의한 자기력선은 옆 그림처럼 만들어져서 적도 근처를 제외하고는 지표면에 평행하지 않게 되겠지. 나침반의 바늘은 자기력선을 따라 정렬

하게 되니까 당연히 기울어지게 되는 거야.

그럼 북극 근처에서 나침반 바늘은 어떻게 될까? 완전히 거꾸로 서 버리겠지.

참, 외핵이 뭐냐고? 지구를 파고 들어가 중심에 가까워 지면 압력과 온도가 높아져 돌이나 철, 니켈 등이 녹아서 액체로 되어 있는 곳이 나오게 돼. 마치 계란의 흰 자위를 벗기면 노른 자위가 나타나는 것처럼 말이야. 이 곳을 지구의 핵이라고 해. 이 곳은 우리가 사는 지표면에서 2900 km나 떨어져 있어.

 웅은이

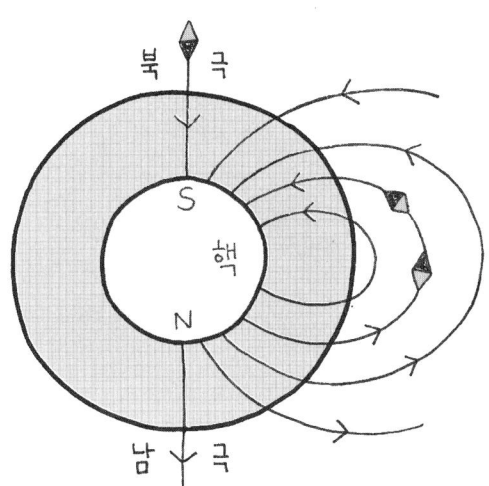

자석, 아들을 낳다

우 리의 덜렁이와 궁금
이는 만나기만 하면 조용히 넘
어가는 날이 없어. 오늘도 예외
는 아니었지. 오늘은 자석을 갖고 말다툼을 벌이지 않았겠
어?

"자석도 전기처럼 N극만 있는 자석, S극만 있는 자석을
따로따로 만들 수 있어."

"자석은 절대 그렇게 만들 수 없어! 그게 바로 전기와 자
석의 차이점이야."

"아니야, 있어!" "없다니까!" "있어!" "없어!"

이 때 마침 맹가이버 삼촌이 이 광경을 보게 되었지.

삼촌은 둘 사이를 가로막더니 큰 소리를 치시는 거야.

"내가 단 몇 초 안에 확실하게 해결해 줄 테니까 싸우지들 마!"

그러더니 삼촌은 허리에 차고 있던 망치를 척 뽑아들고는 자석의 가운데를 내리쳐서 자석을 두 동강 내 버리는 게 아니겠어?

"으악! 내 자석!"

 어떻게 할까

이번 실험은 자석을 반으로 잘라도 그대로 남아 있을까를 알아보는 실험이야. 여기에선 자석대신 자르기 쉬운 바늘을 이용해 보기로 할까?

1) 바늘을 자석에 문질러서 자화시킨다.

→ 자석

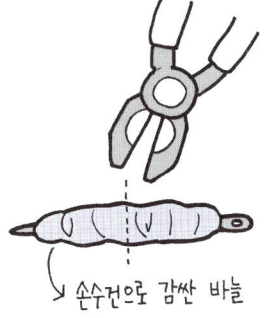

↳ 손수건으로 감싼 바늘

2) 자화된 바늘을 손수건으로 감싸서 펜치로 가운데 부분을 자른다.

3) 잘라진 두 동강을 이리저리 맞대어 보면서 잘라진 자석의 성질을 알아보자.

자석, 아들을 낳다

아리랑 고개

• 보기와 같이 자화된 바늘이 잘라졌을 때 잘라진 바늘의
  성질을 그려 보라고 했다. 누구의 그림이 옳은가?

〈보 기〉

N극

S극

N

S

S

N

바늘

 # 어떻게 넘어갈까

자석의 한가운데를 자르면 어떻게 될까? 원래 극이 없는 부분을 잘랐으니 자른 후에도 극이 없을까? 실험의 결과를 보면 알겠지만 자석을 자르면 자른 부분에 새로운 극이 만들어지게 돼. 자르기 전의 N극의 반대 편엔 S극이, 자르기 전의 S극의 반대편엔 N극이 만들어져서 자석을 자른 후에도 N, S극을 다 갖춘 정상적인 자석이 되는 거야. 즉 자석이 아들 자석을 낳았다고나 할까?

그럼 아들 자석을 또 자르면 어떻게 될까? 이 경우도 위와 똑같은 원리로 더 작은 손자 자석이 만들어져. 손자 자석을 또 자르면 증손자 자석이 나오고.

그런데 이런 식으로 자꾸 잘라 나가다 보면 결국엔 원자에까지 도달하게 되겠지? 어? 그럼 자석이 없어져 버리겠네? 과연 그럴까?

아니야. 바로 이 원자가 자석이야. 원자는 무지무지하게 작은 초미니 자석이지(사실 원자 자석보다 더 작은 자석도 있어. '전자 자석'. 만약 전자 자석에 대해 더 알고 싶으면 자석에 관한 서적을 찾아보도록 해).

결국 하나의 커다란 자석은 무수히 많은 꼬마 자석들(원자 자석)이 모여서 만들어진 것이라고 할 수 있어. 그래서 예로부터 이런 말이 전해져 오고 있다고 해.

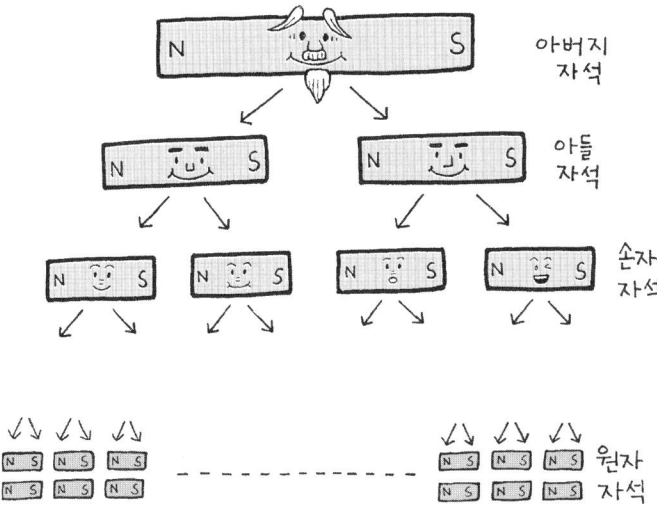

〈 자석 가족 가계도 〉

"자석이 자석을 낳고, 그 자석이 또 자석을 낳고, 또 자석이 자석을 낳고, ……. 그 자석이 더 이상 번식할 수 없는 자석을 낳으니, 그 이름을 '원자 자석'이라 칭하더라."

남궁 온달이

가위가 자석이 된다고

자석을 누가 제일 처음 발견했는지 알고 있니? 그건 바로 2000년 전에 살았던 마그네스라는 양치기야. 이 양치기가 하루는 양을 몰고 있는데 땅 위로 머리를 내밀고 있는 시커먼 바위를 무심코 밟았대. 그런데 놀랍게도 그의 신발에 박은 쇠못과 지팡이에 붙은 쇠붙이가 그 바위에 찰싹 달라붙었다는 거야. 그래서 이 신기한 돌을 '마그네스의 돌'이라고 했는데 훗날 마그네트(Magnet, 자석)라고 부르게 된 거야. 이 이야기야 전해 내려오는 이야기니까 완전히 믿을 수 없겠지만 그래도 그럴 듯하지?

좌우지간 그 발견 이후로 자석은 인간 사회에 등장하게

되었고 요즘에는 매우 많은 곳에서 자석을 사용하고 있어.

그럼 요즘에는 자석을 어떻게 만들까? 그 옛날 양치기가 발견했던 것처럼 자석을 하나 하나 땅에서 캐낼까? 그렇지 않아. 요즘에는 땅에서 캐내는 것보다 훨씬 손쉬운 방법으로 자석을 만들고 있어.

어떤 방법이냐고? 직접 실험을 하면서 생각해 보자고. 정말 간단해.

 어떻게 할까

이런 것들이 필요해

자석, 가위, 핀

→ 자석

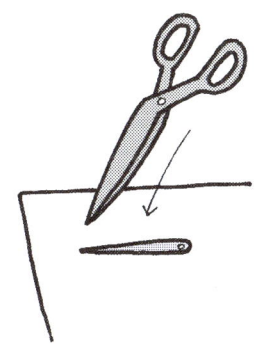

1) 가위를 자석의 한쪽 끝에 문지른다.

2) 가위 끝을 핀에 가까이 가져가 본다.

아리랑 고개

❶ 핀이 가위에 달라붙는다는 것은 가위도 자석이 되었다
는 말이다. 이 현상을 바르게 설명한 사람은?

N극

바
늘

가위를 자석에 문지르는 동
안 자석을 이루고 있는 물질
이 가위로 옮겨 왔을 거야.
그리고 자석의 힘은 그만큼
약해졌을 테고.

자석의 영향으로 가위 속의
입자들에게 어떤 변화가 생겨
서 자성을 띠게 된 거야.

❷ 자석이 된 가위의 자성을 다시 없앨 수 있는 방법을
있는 대로 골라 보자.

바늘

손으로 쥐고 있으면 돼.

열을 가하면 돼.

어떻게 넘어갈까

어때, 자석 만드는 방법을 알겠지? 자석은 또 다른 자석을 이용해서 만드는 거야. 그럼 원래의 자석은? 또 다른 더 큰 자석을 이용해서 만들지. 그럼 그 자석은? 더 큰 자석을 이용하지. 그럼 그 더 큰 자석은……?

사실 우리가 보통 볼 수 있는 자석은 다 공장에서 만드는데, 공장에서는 전자석을 이용해서 평범한 쇠붙이를 자석으로 만들어 낸다고 해. 알다시피 전자석은 전류를 이용해서 만드는 거니까 전자석을 만들기 위해 또 다른 자석이 필요없다는 것쯤은 알고 있겠지?

그럼 보통의 쇠붙이가 어떻게 자석이 되는지 좀더 자세히 알아볼까?

가위는 자석에 문지르기 전에는 자성을 띠지 않지. 하지만 이는 겉으로 드러난 현상일 뿐 실제 가위 속은 전혀 달라. 앞 실험(자석, 아들을 낳다)에서 보았듯이 가위 속에는 꼬마 자석들(원자들)이 굉장히 많이 있어.

그런데 왜 이렇게 많은 꼬마 자석을 가지고 있는 가위가 자성을 전혀 띠지 않는 걸까? 그건 바로 가위 속의 꼬마 자석들이 모두 무질서하게 흩어져 있어서 제멋대로의 방향을 향하고 있기 때문이야. 한마디로 오합지졸이지. 그래서 전체적으로 보면 N극이나 S극을 찾아볼 수 없는 거야.

바늘

이 가위를 자석에 문지르게 되면 비로소 꼬마 자석들이 자석의 힘에 의해 규칙적인 배열을 하게 되고, 전체적으로 자성을 띠게 되는 거야. 즉 가위도 어엿한 자석이 되는 거지.

이렇게 자석이 된 가위를 보통의 가위로 만들려면 어떻게 하면 될까?

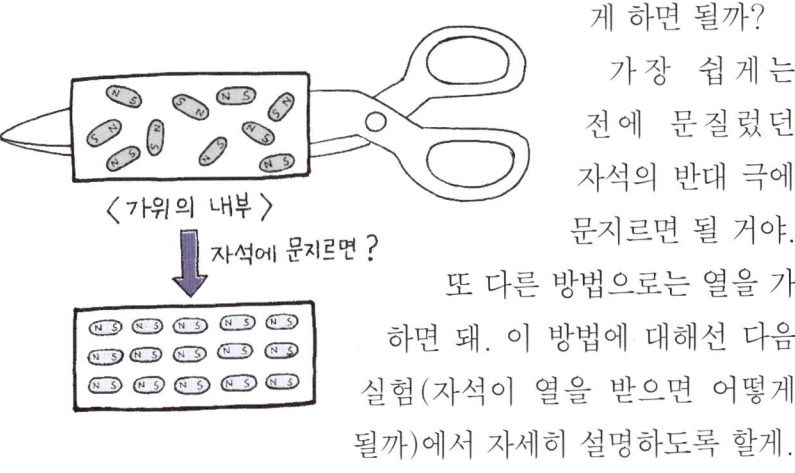

〈가위의 내부〉

자석에 문지르면?

가장 쉽게는 전에 문질렀던 자석의 반대 극에 문지르면 될 거야. 또 다른 방법으로는 열을 가하면 돼. 이 방법에 대해선 다음 실험(자석이 열을 받으면 어떻게 될까)에서 자세히 설명하도록 할게.

  2. 끌림이. 끌림이 끌림이 .1 (답

자석에 대한 잘못된 생각

바
늘

하루는 덜렁이가 앞에서 배운 대로 못을 자석에 열심히 문지르고 있었어. 자석을 만들려고 말이야. 이 때 알쏭이가 "못을 한방향으로만 문질러야 돼."라고 충고를 했어. "그래?" 덜렁이는 알쏭이의 충고대로 한 방향으로만 문질렀어.

그러자 옆에 있던 달쏭이가 "아니야. 못을 앞뒤로 문질러야 좋은 자석을 만들 수 있다고." 하는 거야.

"그 말도 정답같네." 하면서 덜렁이는 못을 앞뒤로 문지르기 시작했어. 그러자 궁금이도 끼어들어서는 "그냥 네 마음대로 문질러."라고 하는 게 아니겠어?

"내 마음대로? 도대체 누구 말이 맞는거야?"

"한방향!" "앞뒤." "마음대로."

"으아~, 못 참겠다. 맹가이버 삼촌~~."

 어떻게 할까

1) 자석에 못을
한방향으로만 문지른다.

2) 다른 못을 자석에
앞뒤로 문지른다.

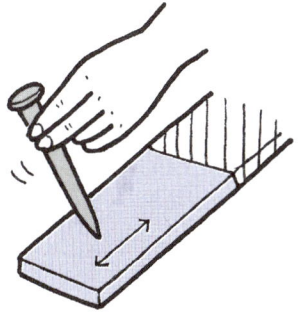

 아리랑 고개

• 실험 결과를 가장 잘 설명한 사람은?

앞뒤로 문지르는 것이 힘이
많이 가해져서 더 좋은
자석이 만들어 질 거야.

바
늘

N

아니야. 한 방향으로만 문질러야 좋은 자석이 만들어져. 방향이 달라지면 못 속의 입자 배열이 그 때마다 달라질 테니까 말이야.

자석을 만들 때는 일정한 방향이 필요없어. 그저 힘차게 문지르기만 하면 돼.

어떻게 넘어갈까

예전에는 못을 자석으로 만들기 위해서는 반드시 강한 자석의 한 극에 한방향으로만 문질러야 한다는 일종의 신화(?)가 있었다고 해. 하지만 직접 실험을 해 보면 그 신화는 단지 신화일 뿐이라는 것을 쉽게 알 수 있어. 못이 자성을 띠게 하기 위해서는 어떤 특별한 방향으로 문지를 필요는 없고, 그저 아무 방향으로나 힘차게 문지르기만 하면 되는 거야. 그렇다고 자석의 극을 무시한 채 못을 N극에 문지르고 있다가 자석을 돌려서 S극에 문지른다면 헛고생만 하게 될 뿐이니까 너무 제멋대로 문지르지는 말도록 해.

어째 결론이 좀 싱거운 것 같기도 하지?

그런데 못을 좀 더 센 자석으로 만들려면 어떻게 하면 좋을까? 그저 세게, 많이 문지르기만 하면 될까? 다른 방법은 없을까? 가령 못의 한쪽만 계속 문지를 것이 아니라 한쪽은 N극에, 반대쪽은 S극에 문지르면 자력이 두 배가 되지 않을까? 또는 못이 짧을수록 더 강한 자석이 되는 것은 아닐까?

이건 여러분 각자가 직접 실험을 해서 알아보도록 해.

단 실험할 때 못을 자석에 문지르는 횟수를 똑같이 해야 정확한 결과를 얻을 수 있을 거야.

가령, 못의 N극과 S극에 각각 100번씩 문질렀다면, 못을 그냥 한쪽 극에서만 문지르는 경우에는 200번을 문질러야 되겠지.

 몸이 (온튼이

자석이 열을 받으면 어떻게 될까

덜렁이가 요즘엔 자석에 푹 빠져 버렸어. 오죽했으면 책이라면 고개부터 돌리곤 하던 덜렁이가 '자석, 그것이 알고 싶다' 라는 책을 사서 읽을 정도니 말이야.

그런데 책을 읽던 덜렁이에게 엉뚱한 생각이 들었어.

'이 세상의 자석은 왜 모두 고체뿐이지? 액체로 된 자석은 없나? 아! 혹시 자석을 녹이면 되지 않을까?'

골똘히 생각하던 덜렁이는 직접 한번 자석을 녹여 보기

로 하고 자기의 생각을 맹가이버 삼촌에게 말했어. 그런데 삼촌은 아주 실망스럽게도 "안됐지만 그 실험은 실패할 수 밖에 없어." 하는 거야.

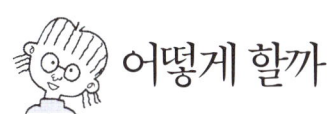 어떻게 할까

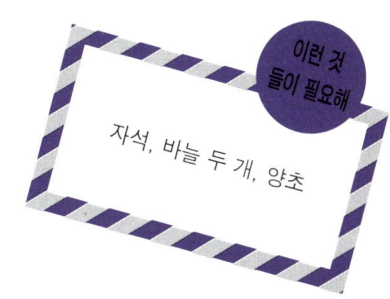

이런 것 들이 필요해

자석, 바늘 두 개, 양초

1) 자석의 한쪽 끝에 바늘을 문질러 자화시킨다.

2) 자화시킨 바늘을 다른 바늘에 대어 본다.

→ 자화된 바늘

3) 이번엔 자화된 바늘을 불꽃 속에서 가열시킨다.

4) 열 받은 바늘을 다른 바늘에 대어 본다. 전처럼 두 바늘이 달라붙나?

자석이 열을 받으면 어떻게 될까

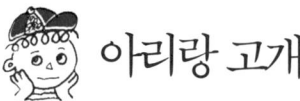 아리랑 고개

• 실험 결과와 그 이유를 가장잘 설명한 친구는?

(오랜 세월 후에)

달라붙지 않아. 열과는 상관없이 바
늘 속의 아주 작은 꼬마 자석들이
시간이 지나면서 원래대로
무질서하게 되어 자성을
잃게 되기 때문이지.

바
늘

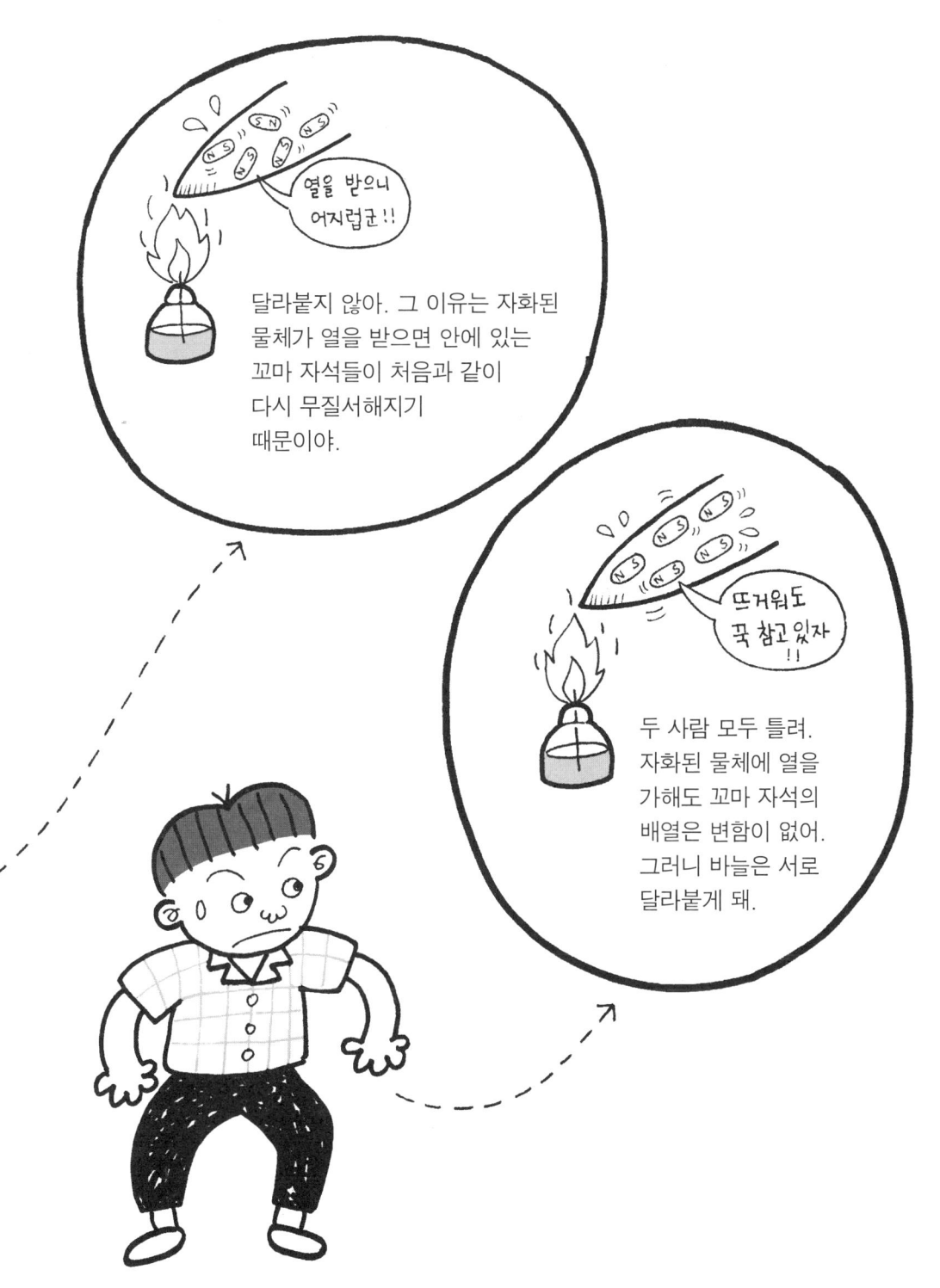

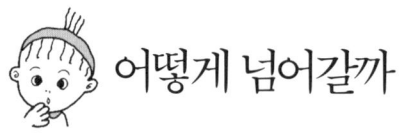
어떻게 넘어갈까

자석은 가열해서 일정한 온도에 도달하게 하면 자성을 잃게 돼. 사람이 열 받으면 흥분하듯이 자석도 열을 받으면 흥분하게 되는데, 자석은 정도가 심하여 완전히 제정신을 잃어버리게 되는 거지. 이유는 아주 간단해.

자석 안에는 꼬마 자석들이 규칙적으로 배열되어 있어. 그런데 자석에 열을 가해 주면 내부의 꼬마 자석들의 움직임(진동)이 활발해져서 점점 배열이 흐트러지게 되고, 결국에는 본래대로 무질서하게 되어 자성을 잃게 되는 거야.

이 효과는 1895년 피에르 큐리(Pierre Curie)에 의해 발견되었어. 그래서 이처럼 자석이 성질을 잃게 되는 온도를 '큐리 온도'라고 해. 이런 현상은 비교적 높은 온도에서 가능하다고 해. 참고 삼아 살펴보면 철의 큐리 온도는 769℃, 코발트는 1127℃, 니켈은 358℃야.

그럼 자석이 더 열을 받아 액체가 되면 어떻게 될까? 자석은 액체가 되기 전에 이미 자성을 잃게 되므로 단순한 쇳물에 불과하게 되지.

 큠) 름읽어10

딜렁이가 생각했던 액체 자석과 비슷한 것으로 '자성 유체'라는 것이 있어. 이것은 자석은 아니고, 철가루가 자석에 달라붙듯이 자석에 달라붙는 액체를 말해. 이 유체에 자석을 가까이 가져가면 살아 있는 것처럼 움직이고 더 가까이 가져가면 마치 뿔이 생긴 것처럼 유체 표면이 삐죽삐죽 팔을 내민다고 해.

원래 자성 유체라는 물질이 있는 것은 아니고 산화철을 아주 곱게 가루로 만들어서(약 100만 분의 1mm~100분의 1mm) 기름이나 물 등의 액체에 혼합해서 만든 거야.

근처에 자석이
있을 때 자기력
때문에 자성유체가
삐쭉삐쭉 내민 모습

5장
헝겊에서 실까지

낙하산은 왜 천천히 떨어질까

달쏭이는 스카이 다이빙을 즐기는 맹가이버 삼촌을 따라 갔어. 낙하산을 타고 하늘에서 내려오는 기분은 어떨까? 세상을 한눈에 볼 수 있으니, 손오공처럼 구름을 탄 기분 일 거야. 맹가이버 삼촌을 부러워하며 구경을 하는데 좀 이상한 것이 있었어. 낙하산을 빨리 펼치고 내려와야 기분 이 좋을 텐데, 그냥 낙하산을 짊어진 채 내려오다가 끝에

서야 펼치는 거야. 낙하산이 펼쳐지기 전까지 너무 무서울
텐데… ….

 어떻게 할까

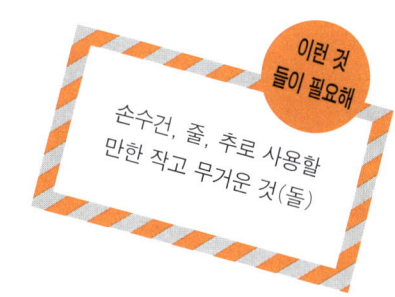

이런 것
들이 필요해

손수건, 줄, 추로 사용할
만한 작고 무거운 것(돌)

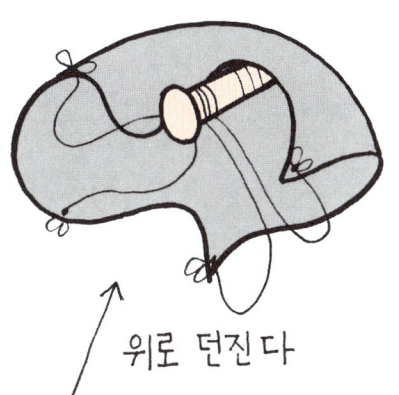

위로 던진다

1) 40㎝ 이상되는 손수건의 네 귀퉁
이에 50㎝ 정도의 줄로 묶는다.

2) 네 개의 줄 끝에 추를(돌 또는 못)
단다.

3) 추를 손수건 안에 넣어 부피를 작
게 한 다음 위로 던진다.

4) 손수건이 떨어지면서 펼쳐지고
천천히 내려온다.

아리랑 고개

• 높은 곳에서 추를 떨어뜨리면 점점 빠른 속도로 떨어지는데 추에 천을 달면 떨어지는 속도가 느려지는 이유는 무엇일까?

손수건 안에 담긴
공기의 저항 때문이야.

어떻게 넘어갈까

무거운 추 때문에 손수건이 빨리 떨어질 줄 알았지? 그런데 생각과 달리 손수건이 너울너울 천천히 내려오지? 추가 빨리 떨어지지 못하게 손수건이 잡아당겼나? 추가 떨어지기 싫다고 발버둥쳤나?

낙하산은 처음에 전쟁 때 식량이나 무기를 보급하거나, 비상시에 사람이 탈출하는 데 쓰였대. 높은 곳에서 떨어져도 사람이 다치거나 물건이 상하지 않았거든. 요즈음은 낙하산이 스카이 다이빙이라는 스포츠의 기구로 이용되기도 하지.

높은 하늘에서 떨어지는데 어떻게 사람이 다치지 않는 걸까? 낙하산이 낙하 속도를 줄이는 역할을 했겠지? 비행기에서 떨어지는 순간 중력이 작용하기 때문에 빠른 속도로 떨어지게 돼. 만일 중력만이 작용한다면 어마어마한 속도로 땅에 떨어지게 될 거야. 그러나 공기의 저항을 무시할 수 없지. 속도가 증가하면 그만큼 떨어지는 방향에서 더 많은 공기를 이동시켜야 하기 때문에 공기의 저항력도 점점 커지게 돼. 그러다가 공기의 저항력이 중력과 같아지게 되면 일정 속도로 떨어지게 되는 거야.

이 때 공중에서 낙하산을 펼치면 공기의 저항력은 더 커져. 공기의 저항력이 중력보다 커서 낙하산을 탄 사람은

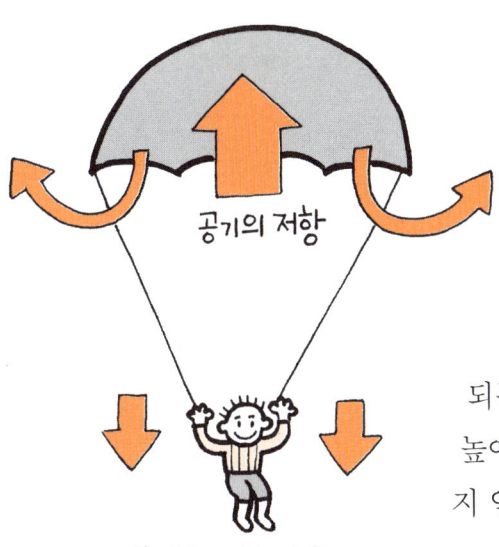

공기의 저항

중력은 낙하산을
잡아당긴다

느린 속도로 내려와. 그러나 일단 낙하 속도가 느려지면 공기의 저항력은 중력과 같아질 때까지 감소하고, 낙하산에 탄 사람은 일정한 속도로 땅 위로 안전하게 떨어지게 되는 거야. 그 때의 속도가 3m 높이에서 뛰어내린 정도라니 착지 연습을 해야겠지?

오르락 내리락하는 카드의 비밀

알쏭이는 덜렁이가 재미난 장난감을 가지고 노는 것을 보았어. 꼭 할아버지께서 피우시는 곰방대처럼 생겼는데 그 담배통에 작은 플라스틱 공이 들어 있는 거야. 덜렁이가 있는 힘껏 숨을 몰아 내쉬어도 그 공은 튕겨 나가지도 않고 오르락내리락하는 거 있지? 아무 생각 없이 놀이만 즐기는 덜렁이를 바라보는 알쏭이의 궁금증은 커져만 갔어.

 어떻게 할까

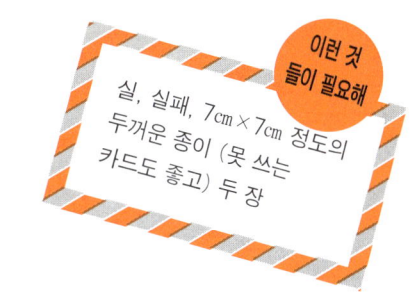

이런 것
들이 필요해

실, 실패, 7㎝×7㎝ 정도의
두꺼운 종이 (못 쓰는
카드도 좋고) 두 장

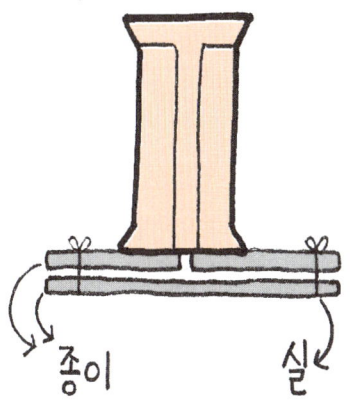

종이

실

1) 종이 한 장에 실패를 세워 풀로 붙이고 실패의 구멍에 맞춰 종이에 구멍을 낸다.
실패가 있는 종이와 다른 종이의 네 귀퉁이에 구멍을 뚫고(송곳 크기 정도) 두 장을 5㎜ 정도의 사이를 두고 묶는다.

2) 만들어진 것을 들고 (실패 부분을 잡는다.) 입으로 힘껏 분다.

아리랑 고개

• 실패 구멍에 입으로 바람을 불면 아래 종이는 어떻게 될까?

파르르 ~

파르르 떨 거야.

잠 ~ 잠

그대로 있어.

찰싹一

올라올 거야.

뚝

입 바람 때문에 실이
끊어져 떨어지겠지.

어떻게 넘어갈까

알쏭이는 요술 곰방대의 원리를 터득했어. 그것은 아주 어렸을 때의 경험에 의한 것이었어. 뭐냐고? 누구나 많이 해 보았을 거야. 어렸을 때 냇물에 종이배를 띄워 본 적 있지? 어땠어? 그냥 재미있고 신났다고? 물론 그렇지. 좀 자세히 기억을 더듬어 봐. 과학은 주변에서 너무도 당연하고 자연스럽게 일어나는 현상을, 눈을 아주 크게 뜨고 주의 깊게 보는 데서 시작하는 거야. 자, 다시 생각해 보렴. 냇물에 종이배를 띄우면 배가 자꾸 냇물 가운데로 흘러들어가 놓친 적이 있지? 배는 왜 가운데로 흘러들어가는 걸까? 냇물 바깥쪽은 깊이가 얕아서 흙과의 마찰이 크기 때문에 물이 흐르는 속도가 느리지만, 냇물 가운데는 깊어서 물의 흐름을 방해하는 힘이 작아서 물이 더 빨리 흐르게 돼. 물이 빨리 흐르니까 옆으로 작용하는 압력이 작아지게 되고, 종이배는 자꾸 가운데로 빨려들어가게 되는 거야.

물대신 공기로 바꿔 생각해 봐. 자, 이제 왜 아래의 종이가 위로 가서 '떡' 하고 붙는지 가르쳐 줄게. 실패 구멍을 입으로 불면, 일정량의 바람이 좁은 구멍을 아주 빠르게 지나게 되어 압력은 낮아지게 돼. 상대적으로 보다 큰, 거의 정지한 상태의 주변의 압력(대기압)이 종이의 아랫면에 작용해서 붙게 되는 거야. 결국 공기에 의해 떠받쳐지는 셈이 되지.

또 다른 예를 찾아볼까? 플렛폼에서 기차를 기다리다 보면 그 역에서 서지 않고 지나가는 기차도 있지? 열차가 지나갈 때 플랫폼에 서 있으면 몸이 약간 빨려들어가는 것처럼 느꼈을 거야. 기차가 빨리 달리기 때문에 압력은 낮아지고 흐름 밖 주변의 공기는 압력이 낮은 쪽으로 흘러들어가기 때문에 그렇게 느끼는 거야.

답 (름류오이

헝겊으로 가습기를 만든다

달쏭이는 건조한 날씨 때문에 감기에 걸리고 말았어. 밤에 잠을 자고 일어나면 방 안이 너무 건조해서 목도 따갑고 코도 막혀 여간 괴로운 것이 아니야. 가습기가 아쉽지만 궁금이가 더 증상이 심하니 달라고 할 수도 없고. 고심하던 달쏭이는 타올을 이용해 좋은 가습기 대용품을 만들었어. 어떻게 만들었을까?

 어떻게 할까

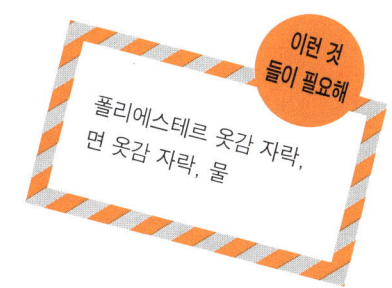

이런 것
들이 필요해

폴리에스테르 옷감 자락,
면 옷감 자락, 물

면 ←

폴리에스테르 ←

1) 면과 폴리에스테르 옷감의 끝을 각각 물에 담가 둔다.

2) 어느 쪽이 물을 더 잘 흡수하는가 관찰한다.

아리랑 고개

• 면과 폴리에스테르 중 어느 것이 더 시원한 느낌을 줄까?

공기 →

올

면이 더 시원해. 면은 구멍과 꼬임이 있는 짧은 섬유를 꼬아서 만들었기 때문이야.

헝겊 · 실

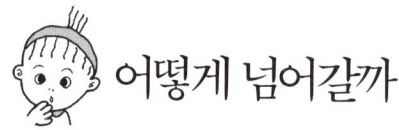

어떻게 넘어갈까

어떤 잡지에서 우리 옷에 대한 글을 읽은 적이 있어. 우리 선조들의 인간 중심의 지혜로운 옷 입기, 몸에 꼭 끼고 각종 화학 물질로 염색한 요즈음의 옷 입기에 대한 염려, 땀 흡수에는 전혀 도움이 안 되는 미끈거리는 합성 섬유로 만들어진 학생들의 체육복이 건강에 좋지 않다는 등의 내용이었어.

여름에 대부분 사람들은 마나 면 같은 천연 섬유로 만든 옷을 좋아해. 그 이유는 그런 섬유가 땀을 잘 흡수하기 때문이야. 나일론으로 만들어진 속옷은 더 덥게 느껴지고, 땀의 흡수가 안 되어서 땀이 주르르 흐르는 것을 느낄 수 있을 정도야. 왜 면이 폴리에스테르로 만들어진 옷감보다 흡수력이 좋을까? 면은 꼬임과 중공(섬유 올 사이에 만들어지는 빈 공간)이 있는 짧은 섬유를 꼬아 만들기 때문에 작은 구멍들이 많아. 모세관 작용으로 이 구멍을 따라 땀이 흘러나오고, 몸에서 발산되는 열도 섬유를 통해서 빠져나오기 때문에 더 시원한 느낌을 주지. 그러나 폴리에스테르는 섬유용 물질을 녹여 길게 뽑아 낸 실을 사용하여 만들기 때문에 흡수력이 좋지 않아. 특히 방수 가공한 옷감은 오히려 섬유를 통해 수분이 빠져나가는 것을 막아.

달쏭이는 타올이 면으로 만들어진다는 것을 알았던 거

야. 물이 담긴 세숫대야에 한쪽은 타올의 끝만 담가 두고 반대편은 줄에 걸어 두면 물이 타올의 촘촘한 틈을 따라 올라가 끝에서 발산되니 방 안의 수증기의 양은 늘어날 거야. 훌륭한 가습기지. 아무 천이나 담가 두었으면 가습기 효과를 보지 못했을 거야.

무더운 여름을 슬기롭게 지내려면 넉넉한 품이 있는 옷, 또 흡수력이 좋은 천연 섬유로 만든 옷을 입는 것이 좋겠지?

차가운 행주, 뜨거운 행주

오늘은 신나는 일요일! 알쏭이와 달쏭이가 맛있는 요리를 하기로 했어. 그런데 할 수 있는 요리가 라면밖에 없으니…….

자, 맛있는 라면이 다 되었어. 알쏭이가 마른 행주로 냄비 손잡이를 잡으려고 하는데 달쏭이가 말렸어.

"젖은 행주로 싸야 뜨겁지 않지!"

 어떻게 할까

뜨거운 냄비를 마른 행주와 젖은 행주로 각각 잡아 보자
(손잡이가 플라스틱이 아닌 냄비여야 함).

차가운 행주, 뜨거운 행주

 아리랑 고개

• 마른 행주와 젖은 행주로 냄비를 잡을 때 어느 경우가 더 뜨겁게 느껴질까?

냄비 손잡이

마른 헝겊

열

마른 행주야.
냄비와 행주 사이에는
아무것도 없어서 열이 빨리
전달되기 때문이지.

 # 어떻게 넘어갈까

뜨거운 국 그릇에 숟가락을 담가 두면 금세 뜨거워지지? 그런데 나무젓가락은 뜨거워지지 않아. 물질에 따라 열이 전달되는 정도가 다른 거야. 금속 막대 위에 성냥개비를 촛농으로 붙여 놓은 다음 한곳을 가열하면 열이 전달되어 가까운 쪽의 성냥개비부터 차례로 떨어지는 것을 볼 수 있

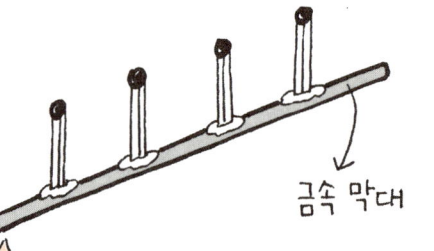

금속 막대

어. 이와 같이 열이 물질에 따라 한곳에서 다른 곳으로 전달되는 것을 '전도'라고 해. 숟가락은 열이 잘 전도되는 물질이고, 나무젓가락은 열이 잘 전도되지 않는 물질인 거지.

그러면 물과 공기는 어느 쪽이 더 열을 잘 전도시키는 물질일까? 적당한 목욕물의 온도는 40℃ 정도라고 해. 그런데 사우나실 속의 온도는 90℃나 100℃ 정도나 된다고 해. 만일 100℃의 물 속에 사람이 들어간다면……? 생각만 해도 끔찍하지? 그러나 100℃나 되는 사우나실에는 들어갈 수가 있어. 이것은 공기가 열을 전도시키지 못하기 때문이라고 설명할 수 있어.

　자, 그러면 이제 누구의 의견이 옳은지 한번 생각해 보자.

　마른 행주로 냄비를 잡을 경우에는 냄비와 행주 사이엔 얇은 공기막이 있어. 반면 젖은 행주로 냄비를 잡을 경우 공기막대신 물의 막이 형성되는데 공기보다 물이 열을 잘 전도시키니까 젖은 행주로 잡을 경우가 더 뜨거워.

 온몸이 (튬

꿈과 지혜가 담긴 과학 동화

과학 동화 1—동물 이야기
원숭이 의사가 왕진을 가요
장립준 외 지음 / 국제문화 옮김

생태계의 평형, 천적, 먹이 경쟁과 새끼키우기를
하는 온갖 동물들의 세계가 사진 화보와 함께
생생하게 펼쳐집니다.

원숭이 의사가 병원을 차렸습니다.
하지만 찾아오는 환자가 없네요.
왜 그럴까요?
동물들은 아프지 않은 걸까요?
그건 아닐 텐데……?
그러면 원숭이 의사 선생님과 함께
왕진을 나가 볼까요?
…….
아하! 이제야 알겠군요.
동물들에게는 스스로 아픈 데를 치료하는
지혜가 있었던 것입니다.

과학 동화 2—과학 이야기
철의 대왕을 울린 나무아이
손유침 외 지음 / 국제문화 옮김

마찰력이란? 전자 회로 만들기, 철의 성질 등등
궁금하지만 어려운 과학 지식이 동화를 읽다 보면
술술 재미있게 이해됩니다.

태풍이 휴가를 떠났어요.
이제는 안심입니다.
그런데 이게 어찌 된 일인가요?
더 큰일이 벌어지고 말았습니다.
열대 지방과 추운 지방의 동물들이 모두
못 살겠다고 난리입니다.
왜 그럴까요?
태풍이 불지 않으면
어떤 일이 일어날까요?

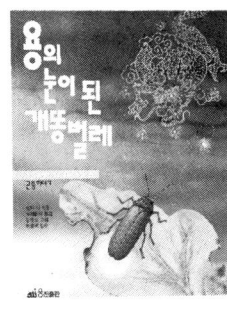

과학 동화 3 – 곤충 이야기
용의 눈이 된 개똥벌레
빙자 외 지음 / 국제문화 옮김

매미, 모기, 메뚜기, 꿀벌 등
곤충마다의 다양한 특성에 따라 쉬운
말과 생동감 넘치는 이야기가 다양하게 펼쳐집니다.

수풀 속에서 자벌레, 가시벌레, 잎벌레, 메뚜기, 부나방이
나비 소녀 아롱이와 함께 숨바꼭질을 합니다.
그런데 술래가 된 아롱이는 아무리 해도 숨은 친구들을
찾아 내지 못합니다.
아롱이의 눈이 보이지 않게 된 걸까요?
그게 아니랍니다.
숲 속의 친구들은 기막힌 변장술을 가지고 있기 때문이죠.
여러분도 아롱이와 함께 술래가 되어 숲 속의 친구들을
찾는 방법을 알아보기로 해요.

과학 동화 4 – 식물 이야기
사막의 정복자 버드나무
춘린 외 지음 / 국제문화 옮김

계절의 흐름속에 성장하고 변화하는 온갖 식물들의
이야기가 재미있는 동화로 펼쳐집니다.

어떻게 나뭇가지의 잎을 보고 동서남북의 방향을 알까?
꽃가루가 옮겨지는 방법에는 몇 가지가 있을까?
어떤 계절에 가장 많은 꽃이 필까?
땅콩의 이름이 '땅콩'이 된 이유는?

이야기도 재미있게 읽고 식물에 대한 모든 궁금증도 풀어 보세요.

과학 동화5 –새 이야기

오리가 알 욕심을 내더니

장대위 외 지음 / 국제문화 옮김

파란 하늘을 기운차게 날며 즐겁게 지저귀는 새들,
새장 속에 갇힌 새가 아니라,
자연 속에 살아 있는 새들의 이야기!

까마귀 사냥을 하는 매,
남의 둥지에 알을 낳는 두견이,
품고 있던 알에서 뱀이 나와 놀라는 오리 엄마,
겨울을 나기 위해 남쪽 나라로 날아가는 백로와 기러기떼들,
자벌레, 마른잎나방의 위장술을 알아내고 잡아먹는 곤줄박이.

한편 한편의 동화가 마음 속 깊이까지 파고 들어가
새들의 갖가지 모습을 잊을 수 없는 인상으로 전해 줍니다.

과학 동화6 – 수생 생물 이야기

문어는 바닷속 골목 대장

엄대춘 외 지음 / 국제문화 옮김

민물, 바닷물 생물들이 주인공이 되어 펼치는
깊고 푸른 물 속 이야기!

붕어, 잉어, 메기, 산천어 등 강이나 냇물에 사는 민물 고기들과
바다거북, 가시고기, 갈치, 해마, 문어, 상어 등
바다에서 사는 동물들이 주인공이 되어
서로 어울려 놀기도 하고, 싸우기도 하고,
돕기도 하는 모습이 재미있는 동화로
꾸며져 있습니다.
물고기들의 모험의 땅, 색다르고 괴상한 물 속 세계를
신나게 여행도 하고 공부도 해 보아요.